银行业专业人员职业资格考试(初级)应试指导教材

个人贷款

(第2版)

银行业专业人员职业资格考试应试指导教材编写组　编著

中国财富出版社有限公司

图书在版编目(CIP)数据

个人贷款 / 银行业专业人员职业资格考试应试指导教材编写组编著. —2 版.—北京：中国财富出版社有限公司，2022.6

(银行业专业人员职业资格考试(初级)应试指导教材)

ISBN 978 - 7 - 5047 - 7724 - 9

Ⅰ. ①个… Ⅱ. ①银… Ⅲ. ①个人信用 - 贷款 - 中国 - 资格考试 - 自学参考资料
Ⅳ. ①F832.479

中国版本图书馆 CIP 数据核字(2022)第 096801 号

策划编辑	李彩琴		**责任编辑**	张红燕　孟　婷		**版权编辑**	李　洋
责任印制	梁　凡		**责任校对**	孙丽丽		**责任发行**	董　倩

出版发行	中国财富出版社有限公司			
社　　址	北京市丰台区南四环西路 188 号 5 区 20 楼		**邮政编码**	100070
电　　话	010 - 52227588 转 2098(发行部)		010 - 52227588 转 321(总编室)	
	010 - 52227566(24 小时读者服务)		010 - 52227588 转 305(质检部)	
网　　址	http://www.cfpress.com.cn		**排　　版**	安徽佰通教育科技发展股份有限公司
经　　销	新华书店		**印　　刷**	三河市德利印刷有限公司
书　　号	ISBN 978 - 7 - 5047 - 7724 - 9/F · 3451			
开　　本	787mm × 1092mm　　1/16		**版　　次**	2022 年 8 月第 2 版
印　　张	11.5		**印　　次**	2022 年 8 月第 1 次印刷
字　　数	279 千字		**定　　价**	40.00 元

版权所有·侵权必究·印装差错·负责调换

编 委 会

主　　编:李　飞

编　　委:(排名不分先后)

苏庆庆　　　陈　业　　　王星明

杨　蓉　　　李慧慧　　　鲍文一

陈　光　　　丁菡芬　　　王　安

张　庆　　　范月媛　　　闫　波

责　　编:蒋　然

编 写 组:(排名不分先后)

胡结华　　　石雪莉　　　陆浩洁

殷军队　　　刘　兵　　　芮清清

前　言

一、考试简介

银行业专业人员初级职业资格考试科目包括"银行业法律法规与综合能力"和"银行业专业实务"。其中，"银行业专业实务"下设"个人理财""公司信贷""个人贷款""风险管理""银行管理"五个专业类别。考生须在主办方举办的连续两次考试中通过"银行业法律法规与综合能力"和"银行业专业实务"科目下任意一个专业类别，方可取得银行业专业人员职业资格证书。

为了帮助广大考生更快、更好地熟悉考试内容，把握考试重点，并及时进行巩固和自我检测，银行业专业人员职业资格考试应试指导教材编写组根据中国银行业协会 2021 年 4 月发布的《银行业专业人员职业资格考试专业实务科目〈个人贷款〉初级考试大纲》，对真题考点进行细致分析，编写了本套教材。

二、学习指导

特色模块	学习指导
应试分析	把握整章的主要内容、所占分值、考试重点及学习方法等。
思维导图	建立整章的脉络框架，明确不同知识点的学习要求。
知识精讲	★结合学习要求和真考解读有侧重点地学习。其中，标记蓝色及下画线的内容需要重点记忆（蓝色标记为考试重点，下画线标记为题眼）。 ★学完知识点做典型真题，了解知识点考查形式，做到灵活运用。
章节练习	学完一章知识点，进行章节真题练习，做到及时巩固和自我检测。

三、增值服务

（一）视频课程

本套教材随书赠送视频课程，为考生提供多元化学习方式。考生可通过以下两种方式观看视频课程：

（1）微信扫描每节节名右侧的二维码即可进入观看。

（2）微信扫描下页图中的二维码，激活课程之后在网校观看。

（二）配书题库

本套教材中章节练习题数量有限，智能考试题库系统为大家提供更多章节练习题。此外，智能考试题库系统中有真题必练、模拟预测、错题训练、章节练习 & 测评等功能。智能考试题库系统包括微信版、网页版及 App，考生可根据自己的实际情况，在不同的环境下选择不同的练习方式，充分利用自己的时间。

更多增值服务请使用微信扫描下方图中二维码获取。

四、联系我们

尽管编写组成员们本着精益求精的态度编写本套教材，但由于时间所限，书中难免有不足之处，恳请广大读者批评指正。联系邮箱：weilaijiaoyucaijing@foxmail.com。

预祝所有考生顺利通过考试！

银行业专业人员职业资格考试应试指导教材编写组

目　录

开　篇　考情分析

第一章　个人贷款概述

· 应试分析 ············· 3

· 思维导图 ············· 3

· 知识精讲 ············· 4

第一节　个人贷款的性质和发展 ········ 4

第二节　个人贷款产品的种类 ········ 7

第三节　个人贷款产品的要素 ······· 13

· 章节练习 ············ 19

· 答案详解 ············ 20

第二章　个人贷款管理

· 应试分析 ············ 21

· 思维导图 ············ 21

· 知识精讲 ············ 22

第一节　个人贷款管理原则 ········ 22

第二节　个人贷款流程 ·········· 24

第三节　个人贷款营销管理 ········ 43

第四节　个人贷款定价管理 ········ 48

第五节　个人贷款风险管理 ········ 50

第六节　个人贷款押品管理 ········ 60

· 章节练习 ············ 63

· 答案详解 ············ 65

第三章　个人住房贷款

· 应试分析 ············ 67

· 思维导图 ············ 67

· 知识精讲 ············ 68

第一节　个人住房贷款基础知识 ······ 68

第二节　个人住房贷款流程 ········ 74

第三节　个人住房贷款风险管理 ······ 80

第四节　公积金个人住房贷款 ······· 87

· 章节练习 ············ 93

· 答案详解 ············ 95

第四章　个人消费类贷款

· 应试分析 ············ 97

· 思维导图 ············ 97

· 知识精讲 ············ 98

第一节　个人汽车贷款 ·········· 98

第二节　个人教育贷款 ········· 110

· 章节练习 ··········· 123

· 答案详解 ··········· 125

第五章　个人经营类贷款

· 应试分析 ··········· 126

· 思维导图 ··········· 126

· 知识精讲 ··········· 127

第一节　个人经营贷款 ········· 127

第二节　个人商用房贷款 ········ 134

第三节　涉农贷款 ··········· 142

· 章节练习 ··········· 146

· 答案详解 ··········· 148

第六章　信用卡业务

· 应试分析 ··········· 149

· 思维导图 ··········· 149

· 知识精讲 ·············· 150
信用卡业务 ·············· 150
· 章节练习 ·············· 152
· 答案详解 ·············· 153

第七章　个人征信系统

· 应试分析 ·············· 154
· 思维导图 ·············· 154

· 知识精讲 ·············· 155
第一节　个人征信系统概述 ·············· 155
第二节　个人征信系统的管理及应用 ······ 159
· 章节练习 ·············· 160
· 答案详解 ·············· 161
附　录　个人贷款的相关法律 ············ 162

开 篇 考情分析

一、章节分值分布

为了更好地把握科目特点，熟悉考试重点，本书分析了近几次考试真题分值的分布情况。在考试真题数据分析基础上，编者整理了每一章在考试中涉及的大概分值。具体见表1。

表1 考试真题分值平均分布情况

所属章节	分值（分）
第一章 个人贷款概述	14
第二章 个人贷款管理	24
第三章 个人住房贷款	23
第四章 个人消费类贷款	15
第五章 个人经营类贷款	8
第六章 信用卡业务	2
第七章 个人征信系统	4
附录 个人贷款的相关法律	10

银行业专业人员职业资格考试对知识点的考查角度多样，考查形式多变。因此，本数据仅供考生参考。

二、考试题型解读

"个人贷款"科目考试共115道题目，题型包括单选题、多选题和判断题。

（一）单选题

单选题有80道，每道0.5分，共40分。此类题型较为简单，即从给出的四个选项中选出符合题目要求的唯一答案，通常是针对某个知识点进行考查，考查较为简单。

【例题·单选题】国家助学贷款的"风险补偿"原则是指国家财政(　　)。
A. 按贷款当年实际发放金额的一定比例对借款学生给予补偿
B. 对无力偿还贷款的借款学生给予一定比例的补偿
C. 按贷款当年实际违约金额的一定比例对贷款银行给予补偿
D. 按贷款当年实际发放金额的一定比例对贷款银行给予补偿
【答案】D【解析】风险补偿是指根据"风险分担"的原则，按当年实际发放的国家助学贷款金额的一定比例对经办银行给予补偿。

（二）多选题

多选题有25道，每道2分，共50分。此类题型在所给出的五个选项中，有两项或两项以上符合题目的要求，请选择相应选项，多选、少选、错选均不得分。多选题的难度不一，有的较为简单，比如考查一些知识点的种类。有的难度较大，一般为综合类考查，要求考生对知识点之间的联系有较好的把控，所以考生在复习时要注意前后知识点的关联。

【例题·多选题】下列关于个人经营贷款的表述中，正确的有（　　）。

A．采取抵押担保的，贷款人应当与抵押人（或其代理人）到房产所在地的房地产登记机关或土地登记机关办理抵押登记，取得房屋他项权证或其他证明文件

B．个人经营贷款可以用于生产经营流动资金、装修店面、购置商铺厂房以及机械设备、股权性投资等合理用途

C．采取抵押担保的，贷款期限不得超过抵押房产剩余的土地使用权年限

D．质押担保方式且期限在 1 年以内的，可采用到期一次性还本付息的还款方式

E．抵押房产或土地应由银行确定的评估公司进行评估定价，也可由符合银行规定的相关资格的内部评估人员进行价值评估

【答案】ACDE【解析】个人经营贷款不能以任何形式流入证券市场、期货市场和用于股本权益性投资、房地产项目开发，故选项 B 表述错误。

（三）判断题

判断题有 10 道，每道 1 分，共 10 分。此类题型较为简单，即对题干描述做出判断。正确的为 A，错误的为 B。

【例题·判断题】个人可循环授信额度为余额控制，在额度和期限内，借款人可以自行搭配每次使用的金额，贷款归还后，贷款额度可以继续循环使用，直至达到最高余额或期满。（　　）

A．正确　　　　　　　　　　　　　　　B．错误

【答案】A【解析】题干表述正确。

三、命题规律分析

（一）直接考查

第一种是直接考查教材中涉及的概念、特点、原则等非常直观的内容，一般是单独考查某一项，不掺杂无关的内容。此类题目非常简单，考生只要熟记相关的概念、特点、原则等即可。

第二种是直接考查教材中的某一句话，即所谓的挖空题。此类题目相对于第一种类型难度较大，考查的内容更加细致。这就要求考生在复习时不能囫囵吞枣式地记忆，要注重对细节的把握，尤其是关于时间、金额等的内容。

第三种是直接综合考查教材中某一个知识点的具体表述或者对比考查多个知识点。此类题目虽然也是直接考查书上的知识点，但是其综合性较强，所以具有一定难度。这就要求考生在复习时要注意联系前后文，尤其是遇到相似的知识点时，可以进行对比记忆。

（二）考查对知识点的理解运用

在考试中，部分题目考生通过所学知识点无法直接得出答案，这主要考查考生对知识点的灵活运用能力。考生可以通过典型真题了解各知识点的考查形式，对于此类题目所涉及的知识点进行深入理解，做到举一反三。

（三）通过案例结合实际考查知识点

通过案例结合实际考查知识点的题目难度不大，考生应仔细审题，认真分析案例，并联系相关知识点，准确答题。

微信扫码关注
畅享在线做题

微信扫码关注
获取免费直播课

第一章　个人贷款概述

🔍 应试分析

　　本章属于基础性章节，主要介绍个人贷款的性质和发展、个人贷款产品的种类以及要素。在历次考试中所占的分值较高，约为14分，题型以单选题为主，多选题和判断题为辅。重点是个人贷款的特征、发展历程以及产品分类和还款方式，其中特征是贯穿全书的重要内容。

🏠 思维导图

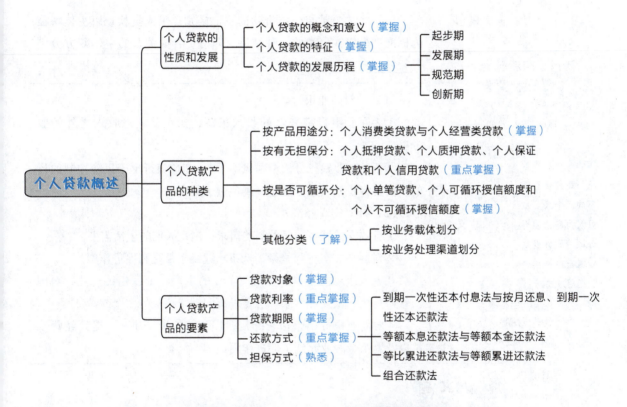

微信扫码关注
畅享在线做题

微信扫码关注
获取免费直播课

🎓 知识精讲

第一节 个人贷款的性质和发展

视频讲解 微信扫描

真考解读 属于常考点，一般会考1道题，以综合类考查居多。

一、个人贷款的概念和意义 （掌握）

项目	内容
概念	（1）个人贷款是指贷款人向符合条件的自然人发放的用于个人消费、生产经营等用途的本外币贷款。 （2）个人贷款与公司贷款的主要区别。个人贷款是以主体特征为标准进行贷款分类的一种结果，即借贷合同关系的主体双方分别是银行和自然人。
意义	（1）针对商业银行。 ①为商业银行带来新的收入来源，如正常利息收入之外的服务费。 ②帮助商业银行分散金融风险^{解读1}。商业银行出于风险控制的目的，需要将贷款发放分散化，避免过于集中。 （2）针对宏观经济。 ①有效支持城乡居民的消费需求，满足人们的生活需要。 ②对启动、培育和繁荣消费市场起到了催化和促进作用。 ③扩大市场内需，推动相关企业的生产，带动相关产业，对国民经济持续、快速、健康和稳定发展起到了积极的作用。 ④对商业银行调整信贷结构、提高信贷资产质量、提升经营效益以及繁荣金融业起到了促进作用。

解读1 个人贷款与公司贷款有所不同，个人贷款可以为商业银行分散风险，是商业银行的一种资金运用方式。

📘 典型真题

【单选题】下列关于个人贷款的表述，错误的是（　　）。

A. 商业银行个人贷款业务的收入来源只有利息收入

B. 在个人贷款的借贷合同关系中，一般一方主体是银行，另一方主体是自然人

C. 个人贷款业务对商业银行调整信贷结构、提高信贷资产质量起到了促进作用

D. 个人贷款可以为商业银行分散风险，是商业银行的一种资金运用方式

【答案】A 【解析】商业银行从个人贷款业务中除了获得正常的利息收入，通常还会得到一些相关的服务费收入。故选项A表述错误。

【单选题】对于宏观经济来说，不属于开展个人贷款业务的积极意义的是（   ）。

A. 对带动众多相关产业的发展、促进整个国民经济的快速发展都具有十分重要的意义

B. 对启动、培育和繁荣消费市场起到了催化和促进作用

C. 对扩大内需，推动生产，支持国民经济持续、快速、健康和稳定发展起到了积极的作用

D. 人们通过借款，改善生活条件，极大地提高了人们的生活质量

【答案】D【解析】根据教材知识点可知，选项 D 不属于开展个人贷款业务的积极意义。

二、个人贷款的特征（掌握）

真考解读 属于常考点，一般会考 1 道题。

个人贷款的特征	具体表现
贷款品种多样、用途广泛	（1）个人贷款品种包括个人消费类贷款、个人经营类贷款、自营性个人贷款、委托性个人贷款、单一性个人贷款及组合性个人贷款等。 （2）个人贷款可满足个人购买消费用品、旅游、装修、解决临时性资金周转问题、从事生产经营等多个方面的需求。
办理方式便利	（1）客户可通过银行营业网点、个人贷款服务中心、网上银行、电话银行等方式咨询个人贷款业务。 （2）客户可在银行所辖营业网点、个人贷款服务中心、第三方合作平台、网上银行等多个渠道办理个人贷款业务。
还款方式灵活	（1）还款方式包括等额本息还款法、等额本金还款法、等比累进还款法、等额累进还款法及组合还款法等。 （2）客户可根据自身需求及还款能力的变化情况，与商业银行协商后改变还款方式。
资本消耗较低 解读2	《商业银行资本管理办法（试行）》（2012 年 6 月 7 日颁布，2013 年 1 月 1 日起实施）将个人贷款的风险权重由 100% 下调至 75%，住房抵押贷款的首套房风险权重为 45%、二套房风险权重为 60%，而公司贷款的风险权重目前为 100%。

解读2 在个人贷款的四个特征中，最明显的特征是资本消耗较低。

典型真题

【单选题】 在个人贷款业务的发展过程中，各商业银行不断开拓创新，逐渐形成了颇具特色的个人贷款业务。下列不属于个人贷款特征的是（　　）。

A．税率优惠　　　　　　　　　B．贷款品种多、用途广泛

C．还款方式灵活　　　　　　　D．办理方式便利

【答案】 A **【解析】** 个人贷款的特征：贷款品种多、用途广泛（选项 B）；办理方式便利（选项 D）；还款方式灵活（选项 C）；资本消耗较低。

真考解读 属于常考点，一般会考 1 道题。

三、个人贷款的发展历程（掌握）

发展阶段	内容
起步期：产生和发展——住房制度改革	20 世纪 80 年代中期，中国建设银行率先在国内开办个人住房贷款业务，各商业银行紧跟其后，至今已有 30 多年的历史。
发展期：蓬勃发展——国内消费和创业需求增长	（1）1999 年 2 月，中国人民银行颁布《关于开展个人消费信贷的指导意见》，个人消费信贷业务得以迅速发展。 （2）个人消费信贷逐步形成以个人住房贷款和个人汽车贷款为主，其他个人综合消费贷款、个人经营类贷款和个人教育贷款等几十个品种共同发展的新局面。
规范期：规范发展——商业银行股份制改革解读3	2010 年 2 月 12 日，国务院银行业监督管理机构颁布《个人贷款管理暂行办法》，这是我国出台的第一部个人贷款管理法规。法规强调贷款调查环节，要求严格执行贷款面谈制度，提倡从源头上防范风险。
创新期：创新发展——金融科技	（1）个人贷款业务等零售金融业务是本轮金融科技应用的重点领域之一，呈现出蓬勃发展之势。 ①在参与主体上，除商业银行之外，持牌小贷金融公司基于各自的客群定位和技术特征，推出了特色化的个人网络消费贷款。这些公司依托互联网平台扁平的组织架构、丰富的多维数据、快速的市场响应能力，在个人贷款领域快速崛起。 ②在产品设计上，互联网贷款业务有全线上自动"秒批"的贷款产品，也有半线上的贷款产品。其中全线上的产品，因全流程线上自动运作、极速审批放贷等特点，具有强大的市场竞争力，但因为在风险管理方面面临挑战，易出现过度授信、多头共债、资金用途不合规等问题。

解读3 常考点：四个阶段的诱因。

续 表

发展阶段	内容
创新期：创新发展——金融科技	③在贷款品种上，主要集中在基于场景和数据的消费贷款，但随着技术的成熟和数据的丰富，逐步扩展到住房贷款、经营贷款等领域。 （2）2020年7月，银保监会颁布了《商业银行互联网贷款管理暂行办法》，界定了互联网贷款的内涵及范围，明确了互联网贷款小额、短期、高效和风险可控的原则，明确了风险管理、合作机构管理、消费者权益保护、事中事后监管等要求，并给予2年过渡期用于不符合该办法要求的存量业务整改。

典型真题

【单选题】以下关于金融科技推动个人贷款业务创新发展的说法中，错误的是（ ）。

A. 在参与主体上，除商业银行之外，持牌小贷金融公司基于各自的客群定位和技术特征，推出了特色化的个人网络消费贷款

B. 零售金融业务是本轮金融科技应用的重点领域之一，呈现出蓬勃发展之势

C. 商业银行依托互联网平台扁平的组织架构、丰富的多维数据、快速的市场响应能力，在个人贷款方面快速崛起

D. 在产品设计上，有全线上自动"秒批"的贷款产品，也有半线上的贷款产品

【答案】C【解析】在参与主体上，除商业银行之外，持牌小贷金融公司基于各自的客群定位和技术特征，推出了特色化的个人网络消费贷款。这些公司（不是商业银行）依托互联网平台扁平的组织架构、丰富的多维数据、快速的市场响应能力，在个人贷款领域快速崛起。故选项C说法错误。

第二节　个人贷款产品的种类

一、按产品用途分：个人消费类贷款与个人经营类贷款（掌握）

真考解读 属于常考点，一般会考1道题。

（一）个人消费类贷款

分类	要点
个人住房贷款	（1）概念。个人住房贷款是指银行向自然人发放的用于购买、建造和大修理各类型住房的贷款。

分类	要点
个人住房贷款	（2）个人住房贷款包括自营性个人住房贷款、公积金个人住房贷款和个人住房组合贷款^{解读1}。 ①自营性个人住房贷款（商业性个人住房贷款）是指银行运用信贷资金向在城镇购买、建造和大修理各类型住房的自然人发放的贷款。 ②公积金个人住房贷款（委托性住房公积金贷款）是指由各地住房公积金管理中心运用个人及其所在单位缴纳的住房公积金，委托商业银行向购买、建造、翻建、大修理自住住房的住房公积金缴存人以及在职期间缴存住房公积金的离退休职工发放的专项住房贷款。其特点是不以营利为目的，实行"低进低出"利率政策，贷款额度受限，是一种政策性个人住房贷款。 ③个人住房组合贷款是指按时足额缴存住房公积金的职工在购买、建造或大修理住房的同时，可以申请公积金个人住房贷款和自营性个人住房贷款，从而形成特定的个人住房贷款组合。
个人汽车贷款	（1）概念。个人汽车贷款是指银行向自然人发放的用于购买汽车的贷款。 （2）分类。 ①按所购车辆用途划分：自用车贷款（不以营利为目的）；商用车贷款（以营利为目的）^{解读2}。 ②按所购车辆注册登记情况划分：新车贷款；二手车贷款。
个人教育贷款	（1）概念。个人教育贷款是指银行向在读学生或其直系亲属、法定监护人发放的用于满足其就学资金需求的贷款。 （2）按贷款性质进行的分类。 ①国家助学贷款是指由政府主导、财政贴息、财政和高校共同给予银行一定风险补偿金，银行、教育行政部门与高校共同操作的，帮助高校家庭经济困难学生支付在校学习期间所需的学费、住宿费的银行贷款。 国家助学贷款的特点/原则：财政贴息、风险补偿、信用发放、专款专用、按期偿还。 ②商业助学贷款是指银行按商业原则自主向借款人或其直系亲属、法定监护人发放的用于满足于其就学资金需求的商业贷款。 商业助学贷款的特点/原则：部分自筹、有效担保、专款专用、按期偿还。 ③个人留学贷款是指银行向个人发放的用于支付留学所需学杂费、生活费或留学保证金的个人贷款。

解读1 这三类个人住房贷款属于常考点，考生要学会从定义上进行区分，切勿混淆。

解读2 商用车贷款属于经营类贷款，但部分商业银行将其划分为消费类贷款。

续 表

分类	要点
其他个人消费贷款	其他个人消费贷款是指除上述用途以外的，用于购买大额耐用消费品、旅游以及医疗服务等专项用途的个人消费类贷款。

（二）个人经营类贷款解读3

项目	内容
概念	个人经营类贷款是指银行向从事合法生产经营的自然人发放的，用于购买商用房以及用于满足个人控制的企业（包括个体工商户）生产经营流动资金需求和其他合理资金需求的贷款。
分类	（1）个人经营贷款是指用于借款人合法经营活动的贷款。 （2）个人商用房贷款是指贷款人向借款人发放的用于购买国有出让土地上商业用房的贷款。 （3）农户贷款是指银行业金融机构向符合条件的农户发放的用于生产经营、生活消费等用途的贷款。 （4）创业担保贷款是指政府出资设立担保基金，委托担保机构提供贷款担保，由经办金融机构发放，以帮助符合一定条件的待就业人员解决从事创业经营时自筹资金不足问题的一项贷款。 创业担保贷款的申请对象：城镇登记失业人员、就业困难人员（含残疾人）、复员转业退役军人、刑满释放人员、高校毕业生（含大学生村官和留学回国学生）、化解过剩产能企业职工和失业人员、返乡创业农民工、网络商户、建档立卡贫困人口。

解读3 后面会有一章来讲解个人经营类贷款的内容，所以这里有关个人经营类贷款的内容仅需考生了解即可。

典型真题

【单选题】商业助学贷款的特点不包括（   ）。

A. 部分自筹   B. 有效担保   C. 风险补偿   D. 专款专用

【答案】C【解析】商业助学贷款的特点包括部分自筹、有效担保、专款专用、按期偿还。

【多选题】下列关于个人住房贷款的表述中，正确的有（   ）。

A. 公积金个人住房贷款的资金来源于银行的自有资金

B. 公积金个人住房贷款是一种政策性个人住房贷款

C. 自营性个人住房贷款是银行运用信贷资金向在城镇购买、建造和大修各类型住房的自然人发放的贷款

D. 个人住房贷款包括自营性个人住房贷款、公积金个人住房贷款和个人住房组合贷款

E. 公积金个人住房贷款又称委托性住房公积金贷款

【答案】BCDE【解析】公积金个人住房贷款是指由各地住房公积金管理中心运用个人及其所在单位缴纳的住房公积金，委托商业银行向购买、建造、翻建、大修理自住住房的住房公积金缴存人以及在职期间缴存住房公积金的离退休职工发放的专项住房贷款。故选项 A 表述错误。

真考解读 属于必考点，一般会考 1～3 道题。

二、按有无担保分：个人抵押贷款、个人质押贷款、个人保证贷款和个人信用贷款（重点掌握）

分类	要点
个人抵押贷款^{解读4}	（1）概念。个人抵押贷款是指贷款银行以借款人或第三人提供的、经贷款银行认可的、符合规定条件的财产作为抵押物而向自然人发放的贷款。当借款人不履行还款义务时，贷款银行有权依法以该抵押物折价或者以拍卖、变卖该抵押物所得的价款优先受偿。 （2）个人抵押贷款可基于客户单次申请、单次抵押办理一笔抵押贷款。对一定期间内将要连续发生的债权，不必每次分别设定抵押，而是通过设定最高额抵押的方式提供担保。最高额抵押是为担保债务的履行，债务人或者第三人对一定期间内将要连续发生的债权提供担保财产的，债务人不履行到期债务或者发生当事人约定的实现抵押权的情形，抵押权人有权在最高债权额限度内就该担保财产优先受偿。 （3）特点。 ①先授信，后用信：借款人申请办理个人抵押授信贷款手续且取得授信额度后，方可使用贷款。 ②一次授信，循环使用：借款人只需要一次性向银行申请办理个人抵押授信贷款手续，取得授信额度后可在有效期和贷款额度内循环使用。 ③贷款用途综合化：没有明确指定贷款用途，借款人只需提供贷款用途证明即可。
个人质押贷款	（1）概念。个人质押贷款是指自然人以合法有效、符合银行规定条件的质押物出质，向银行申请取得一定金额的贷款。 （2）分类。 ①动产质押：借款人或第三人将其动产移交银行，以该动产为贷款担保。

解读 4 必考点： 个人抵押贷款的相关内容。

续 表

分类	要点
个人质押贷款	②权利质押^{解读5}：以法律规定可以质押的，或贷款银行许可的质押物作为担保。 （3）特点^{解读6}。 ①贷款风险较低，担保方式相对安全：风险控制的重点是关注质押物的真实性、合法性和可变现性，防范操作风险。 ②时间短、周转快、手续简便。 ③操作流程短：可在柜台办理，部分质押贷款还可通过网上银行自助办理。 ④质押物范围广泛：个人有处分权的多数权利凭证均可出质。
个人保证贷款^{解读7}	（1）概念。个人保证贷款是指银行以银行认可的，具有代为清偿债务能力的法人、其他经济组织或自然人作为保证人而向自然人发放的贷款。当借款人不履行还款义务时，由保证人按照约定履行或承担还款责任。 （2）不得作为保证人的单位或组织。 ①机关法人不得为保证人，但是经国务院批准为使用外国政府或者国际经济组织贷款进行转贷的除外。 ②以公益为目的的非营利法人、非法人组织不得为保证人。 （3）特点包括手续简便、办理时间短、环节少。
个人信用贷款	（1）概念。个人信用贷款是指银行向自然人发放的无须担保的贷款。其特征是债务人无须提供抵（质）押物或第三方担保，仅凭自身信誉即可取得贷款，并以其信用程度作为还款保证。 （2）主要依据为借款申请人的个人信用状况。信用等级越高，信用额度越大。 （3）特点包括准入条件严格^{解读8}、贷款额度小、贷款期限短。

解读5 动产质押及权利质押的借款人不履行还款义务时，贷款银行均有权依法将质押物折价或拍卖、变卖该质押物，取得价款优先受偿。

解读6 个人质押贷款的特点在考试中经常出现，考生需要掌握。

解读7 常考点：个人保证贷款的相关内容。

解读8 商业银行不得向关系人发放信用贷款。

典型真题

【单选题】自然人以合法有效、符合银行规定条件的质押物出质，向银行申请取得一定金额的贷款方式是（　　）。

A. 个人抵押贷款　　　　　　B. 个人质押贷款

C. 个人保证贷款　　　　　　D. 个人信用贷款

【答案】B【解析】个人质押贷款是指自然人以合法有效、符合银行规定条件的质押物出质，向银行申请取得一定金额的贷款。

【单选题】个人抵押贷款到期，如果借款人不能履行还款义务，银行对抵押物的处理方式不包括（   ）。

A. 折价　　　　B. 拍卖　　　　C. 变卖　　　　D. 再抵押

【答案】D【解析】当借款人不履行还款义务时，贷款银行有权依法以该抵押物折价或者以拍卖、变卖该抵押物所得的价款优先受偿。

【单选题】以下关于个人保证贷款的说法中，错误的是（   ）。

A. 当借款人不履行还款义务时，由保证人按照约定履行或承担还款责任

B. 个人保证贷款是指银行以其认可的，具有代为清偿债务能力的法人、其他经济组织或自然人作为保证人而向自然人发放的贷款

C. 以公益为目的的非营利法人、非法人组织不得为保证人

D. 按照《中华人民共和国民法典》（以下简称《民法典》）的规定，所有机关法人不得为保证人

【答案】D【解析】根据《民法典》的规定，机关法人不得为保证人，但是经国务院批准为使用外国政府或者国际经济组织贷款进行转贷的除外。选项D说法过于绝对，错误。

【判断题】根据《民法典》有关规定，为有效落实抵押权，对一定期间内将要连续发生的债权，必须每次分别设定抵押。（   ）

A. 正确　　　　　　　　　　　B. 错误

【答案】B【解析】对一定期间内将要连续发生的债权，不必每次分别设定抵押，而是通过设定最高额抵押的方式提供担保。

三、按是否可循环分：个人单笔贷款、个人可循环授信额度和个人不可循环授信额度（掌握）

真考解读 属于常考点，一般会考1道题。考生重点关注这三类贷款的特点。

分类	要点
个人单笔贷款	（1）概念。个人单笔贷款是指用于每个单独批准在一定贷款条件（收入的使用、最终到期日、还款时间安排、定价、担保等）下的个人贷款。 （2）特点。被指定发放的贷款本金，一经借贷和还款后，不可重复借贷。
个人可循环授信额度	（1）概念。个人可循环授信额度是指由自然人提出申请，并提供符合银行规定的担保或信用条件（一般以房产作为抵押），经银行审批同意，对借款人进行最高额度授信，借款人可在额度有效期内随借随还、循环使用的一种个人贷款业务。 （2）特点（余额控制）。在额度和期限内，借款人可自行搭配决

续　表

分类	要点
个人可循环授信额度	定每次的使用金额，贷款归还后，贷款额度可循环使用，直至达到最高余额或期满。 （3）适用范围是个人经营、装修、留学、旅游等消费用途。 （4）授信额度通常可达抵押房产评估价值的70%。
个人不可循环授信额度	（1）概念。个人不可循环授信额度是指根据每次单笔贷款出账金额累计计算，即使单笔贷款提前还款，该笔贷款额度也不能循环使用的一种个人贷款业务。 （2）特点。如果出账金额累计达到最高授信额度，即使额度仍然在有效期内，也不能再出账。

四、其他分类（了解）

真考解读 考查较少，考生了解即可。

项目	内容
其他分类	（1）按照业务载体的不同，个人贷款可分为传统个人贷款以及信用卡个人贷款。 （2）按照业务处理渠道的不同，个人贷款可分为传统线下个人贷款以及互联网个人贷款。

第三节　个人贷款产品的要素

一、贷款对象（掌握）

真考解读 属于常考点，一般会考1道题。

项目	内容
贷款对象	个人贷款的对象仅限于自然人，而不包括法人。个人贷款客户至少满足以下基本条件。 （1）具有完全民事行为能力且年龄在18（含）～65周岁（含）的自然人。 （2）具有合法有效的身份证明[解读1]及婚姻状况证明等。 （3）遵纪守法，无违法行为，无违约记录，具有良好的信用状况。 （4）具有稳定的收入来源和按时足额偿还贷款本息的能力。 （5）具有还款意愿。 （6）具有真实合法的贷款用途。 （7）金融机构规定的其他具体要求。

解读1 合法有效的身份证明包括居民身份证、户口簿及其他有效身份证明。

项目	内容
贷款对象	【提示】个人贷款与公司贷款的主要差异是贷款对象不同。个人贷款对象为具有完全民事行为能力的自然人，包括个人、个体工商户、小企业主等；而公司贷款对象则为依法成立的企业法人。

典型真题

【单选题】银行一般要求个人贷款客户需要满足的基本条件不包括（　　）。

A. 具有稳定的收入来源和按时足额偿还贷款本息的能力

B. 客户能够提供银行认可的抵（质）押物或保证人作为担保

C. 具有合法有效的身份证明（居民身份证、户口簿或其他有效身份证明）及婚姻状况证明等

D. 具有完全民事行为能力的自然人，年龄在 18（含）~65 周岁（含）

【答案】B 【解析】根据教材知识点可知，选项 B 不属于个人贷款客户需要满足的基本条件。

真考解读 属于必考点，一般会考 1~2 道题。

二、贷款利率 （重点掌握）

项目	内容
相关概念	（1）贷款利率是指借款人为取得货币资金的使用权而支付给银行的价格。 （2）利息是指货币所有者因暂时让渡一定货币资金使用权而从借款人那里得到的报酬。 （3）利率（货币资本价格）是指一定时期内利息额与本金的比率，即利率＝利息额/本金。 （4）固定利率是指存贷款利率在贷款合同存续期间或存单存期内，执行的固定不变的利率，不依市场利率的变化而调整。 （5）基准利率是指带动和影响其他利率，具有普遍参照性的利率。央行改变基准利率会直接影响商业银行借款成本的高低，对信贷起限制或鼓励的作用，同时影响其他金融市场的利率水平。 （6）合同利率是指贷款银行根据法定贷款利率、中国人民银行规定的浮动幅度及利率政策等，与借款人商定后在借款合同中载明的具体贷款利率。

续 表

项目	内容
利率的调整^{解读2}	（1）贷款期限<u>在 1 年以内（含 1 年）</u>的：实行合同利率，遇法定利率调整不分段计息，<u>执行原合同利率</u>。 （2）贷款期限<u>在 1 年以上</u>的：合同期内<u>遇法定利率调整时</u>，<u>由借贷双方按商业原则确定</u>，可在合同期间<u>按月、按季、按年调整</u>，<u>也可采用固定利率的确定方式</u>。
发展进程^{解读3}	（1）2013 年 7 月，中国人民银行宣布取消金融机构贷款利率的下限（除个人住房贷款外），由金融机构根据商业原则自主确定贷款利率水平，贷款利率市场化改革取得长足进步，但仍存在<u>贷款基准利率和市场利率"双轨并存"</u>的情况，贷款主要参考贷款基准利率定价，难以反映市场利率的变化。同时，贷款利率隐性下限的存在使得利率传导不畅，实体经济对市场利率下降的感受不足。 （2）为推动贷款利率和市场利率并轨，中国人民银行于 2019 年 8 月 16 日发布 2019 年第 15 号公报，宣布启动改革完善贷款市场报价利率（LPR）形成机制，疏通货币政策传导渠道，推动降低贷款利率。 ①改革后的 LPR 由各报价行按照对最优质客户执行的贷款利率，<u>于每月 20 日</u>（遇节假日顺延）以公开市场操作利率［主要指中期借贷便利（MLF）利率］加点形成的方式报价，在原有 1 年期一个期限品种基础上增加了 5 年期以上期限品种，要求各银行应在新发放的贷款中主要参考贷款市场报价利率定价，并<u>在浮动利率贷款合同中采用贷款市场报价利率作为定价基准</u>。 ②<u>中国人民银行将 LPR 应用情况纳入宏观审慎评估（MPA）考核</u>，推动银行将 LPR 嵌入内部资金转移定价（FTP）中，并于 2020 年按照市场化、法治化原则推动存量浮动利率贷款定价基准转换。作为短期政策利率的公开市场操作利率和作为中期政策利率的 MLF 利率，共同形成了中央银行政策利率体系，传达央行利率调控信号。

> 解读2 常考点：贷款期限在 1 年以内（含 1 年）和 1 年以上分别实行的利率政策。
>
> 解读3 必考点：利率的发展进程。

典型真题

【单选题】一般来说，贷款期限在 1 年以上的，合同期内遇法定利率调整时，以下做法错误的是（   ）。

A. 由借贷双方按商业原则确定　　　B. 可在合同期间按月、按季、按年调整

C. 可采用固定利率的确定方式　　　D. 执行原合同利率

【答案】 D **【解析】** 贷款期限在 1 年以上的，合同期内遇法定利率调整时，借贷双方可按商业原则调整，可在合同期间按月、按季、按年调整，也可采用固定利率的确定方式。故选项 D 做法错误。

【多选题】 以下关于贷款市场报价利率 LPR 形成机制的说法中，正确的有（　　）。

A. 中国人民银行将 LPR 应用情况纳入宏观审慎评估（MPA）考核

B. LPR 于每月 20 日（遇节假日顺延）公布

C. 改革后的 LPR 由报价行按照对最优质客户执行的贷款利率以公开市场操作利率［主要指中期借贷便利（MLF）利率］加点形成的方式报价

D. 中国人民银行要求各银行应在新发放的贷款中主要参考贷款市场报价利率定价，并在浮动利率贷款合同中采用贷款市场报价利率作为定价基准

E. 在原有 1 年期一个期限品种基础上增加了 5 年期以上期限品种

【答案】 ABCDE **【解析】** 以上说法均正确。

真考解读 属于常考点，一般会考 1 道题。

三、贷款期限（掌握）

项目	内容
贷款期限	（1）概念。贷款期限是指从具体贷款产品发放到约定的最后还款或清偿的期限。 （2）经贷款人同意，个人贷款可以展期。具体期限的规定如下。 ①1 年以内（含 1 年）的个人贷款：展期期限累计不得超过原贷款期限。 ②1 年以上的个人贷款：展期期限累计与原贷款期限相加，不得超过该贷款品种规定的最长贷款期限。

典型真题

【单选题】 下列关于个人贷款期限的说法中，正确的是（　　）。

A. 贷款期限是指从具体贷款产品发放到约定的最后还款或清偿的期限

B. 经借款人同意，个人贷款可以展期

C. 1 年以内（含 1 年）的个人贷款，展期期限累计与原贷款期限相加，不得超过该贷款品种规定的最长贷款期限

D. 1 年以上的个人贷款，展期期限累计不得超过原贷款期限

【答案】 A **【解析】** 经贷款人同意，个人贷款可以展期，故选项 B 说法错误；1 年以内（含 1 年）的个人贷款，展期期限累计不得超过原贷款期限，故选项 C 说法错误；1 年以上的个人贷款，展期期限累计与原贷款期限相加，不得超过该贷款品种规定的最长贷款期限，故选项 D 说法错误。

四、还款方式（重点掌握）

（一）到期一次性还本付息法与按月还息、到期一次性还本还款法

项目	到期一次性还本付息法	按月还息、到期一次性还本还款法
概念	到期一次性还本付息法是指借款人须在贷款到期日还清贷款本息，利随本清。	按月还息、到期一次性还本还款法是指在贷款期限内每月只还贷款利息，贷款到期时一次性归还贷款本金。
特点	利息和本金同时还清。	先还利息，后还本金。
适用范围	期限在1年内（含1年）的贷款。	

（二）等额本息还款法与等额本金还款法 解读4

项目	等额本息还款法	等额本金还款法
概念	等额本息还款法是指在贷款期内每月以相等的额度平均偿还贷款本息。	等额本金还款法是指在贷款期内每月等额偿还贷款本金，贷款利息随本金逐月递减。
每月还款额的计算公式	$\dfrac{\text{月利率}\times(1+\text{月利率})^{\text{还款期数}}}{(1+\text{月利率})^{\text{还款期数}}-1}\times\text{贷款本金}$	贷款本金/还款期数 +（贷款本金 – 已归还贷款本金累计额）×月利率
特点	每期还款总额相同。	每期还款本金相同。
规律	每期还款额中，本金逐月递增，利息逐月递减，还款总额不变。	每期还款额中，本金部分不变，利息部分递减，还款总额递减。
举例	（1）从每月还款的角度讲，等额本息还款法是固定的，而等额本金还款法在还款初期高于等额本息还款法。这就意味着等额本金还款法的贷款门槛要高于等额本息还款法 解读5。 （2）从银行的角度来讲，等额本金还款法的还本速度比较快，风险比等额本息还款法小。	

（三）等比累进还款法与等额累进还款法

项目	等比累进还款法	等额累进还款法
概念	等比累进还款法是指借款人在贷款发放一定期间内以固定比例增加或减少还款额，并在后期每月等额摊还的一种还款方式。	等额累进还款法是指借款人在贷款发放一定期间内以固定额度增加或减少还款额，并在后期每月等额摊还的一种还款方式。

真考解读 属于必考点，一般会考1~2道题。

解读4 等额本息还款法与等额本金还款法只是适合不同情况的借款人，并没有绝对的利弊之分。

解读5 在最初贷款购买房屋时，等额本金还款法的负担比等额本息还款法重。

项目	等比累进还款法	等额累进还款法
特点	前期等额还款，后期在每期还款基础上增加或减少一定比例的还款额。	前期等额还款，后期在每期还款基础上增加或减少一定额度的还款额。
方法	（1）预期未来收入递增：等比递增法，减少提前还款的麻烦。 （2）预期未来收入递减：等比递减法，减少利息支出。	（1）借款人收入增加：增大累进额、缩短间隔期→分期还款额增多、减少利息负担。 （2）借款人收入减少：减少累进额、扩大间隔期，分期还款额减少、减轻还款压力。

解读6 考试中会有两种出题方式：一种是单独考查一种还款法；另一种是综合考查所有还款法。考生要熟悉并掌握这几种还款法。

（四）组合还款法^{解读6}

项目	内容
概念	组合还款法是指将贷款本金分段偿还，依据资金的实际占用时间计算利息的还款方式。
特点	（1）依据借款人未来收支情况，将贷款本金按比例划分成若干个偿还阶段，确定每阶段的还款年限。 （2）还款方式灵活，满足借款人的个性化需求。
适用范围	自身财务规划能力较强的借款人。
举例	某些银行曾推出过的"随心还""气球贷"。

典型真题

【单选题】"随心还"和"气球贷"属于（　　）。

A. 等额本金还款法　　　　　　B. 等比累进还款法

C. 等额累进还款法　　　　　　D. 组合还款法

【答案】D【解析】"随心还"和"气球贷"属于组合还款法。

【多选题】下列关于个人贷款还款方式的说法中，正确的有（　　）。

A. 组合还款法满足个性化需求，自身财务规划能力较强的客户适用此种方法

B. 债权人如果预期未来收入呈递减趋势，则可选择等比递减法

C. 等额本息还款每月归还的本金不变

D. 在最初贷款购买房屋时，等额本金还款法的负担比等额本息还款法重

E. 一次性还本付息法一般适用于期限在1年以内（含1年）的贷款

【答案】ABDE【解析】等额本息还款法是每月以相等的额度偿还贷款本息，其中归还的本金和利息的配给比例是逐月变化的，利息逐月递减，本金逐月递增。故选项C说法错误。

五、担保方式（熟悉）

真考解读 考查相对较少，考生熟悉即可。

项目	内容
担保方式	从控制风险的角度讲，当借款人采用一种担保方式不能足额担保时，贷款银行一般要求借款人组合使用不同的担保方式对贷款进行担保。担保方式主要有以下三种。 （1）抵押担保是指借款人或第三人不转移对法定财产的占有权，将该财产作为贷款担保。 （2）质押担保是指借款人或第三人转移对法定财产的占有权，将该财产作为贷款担保。 （3）保证担保是指保证人和贷款银行约定，当借款人不履行还款义务时，由保证人按照约定履行或承担还款责任。

章节练习

一、**单选题**（以下各小题所给出的四个选项中，只有一项符合题目要求，请选择相应选项，不选、错选均不得分）

1. 下列关于个人贷款的说法中，错误的是（　　）。
   A. 个人贷款是指贷款人向符合条件的自然人发放的用于个人消费、生产经营等用途的本外币贷款
   B. 个人贷款业务是以主体特征为标准进行贷款分类的一种结果
   C. 借贷合同关系的一方主体是银行，另一方主体是自然人
   D. 与公司贷款相比，个人贷款业务会增加商业银行的风险，因此应谨慎发放

2. 下列关于我国现有个人贷款业务特征的说法中，错误的是（　　）。
   A. 个人贷款业务的办理较为便利
   B. 低资本消耗是个人贷款最明显的特征
   C. 客户可在网上银行、金融超市办理个人贷款业务
   D. 可采取灵活多样的还款方式，但还款方式一经确定中途不可变更

3. 下列关于我国个人贷款业务发展历程的表述中，正确的是（　　）。
   A. 商业银行股份制改革推动了个人信贷的蓬勃发展
   B. 国内消费和创业需求的增长促进了个人住房贷款的产生和发展
   C. 住房制度的改革推动了个人贷款业务的规范发展
   D. 我国出台的第一部个人贷款管理法规是 2010 年 2 月 12 日国务院银行业监督管理机构颁发的《个人贷款管理暂行办法》

4. 采用等额累进还款法的借款人，当收入增加时，为减少利息负担，可（　　）。
   A. 减少累进额或扩大间隔期　　　　B. 增大累进额或缩短间隔期
   C. 增大累进额或扩大间隔期　　　　D. 减少累进额或缩短间隔期

5. 从（　　）的角度，当借款人采用一种担保方式不能足额担保时，贷款银行往往要求借款人组合使用不同的担保方式对贷款进行担保。

    A. 业务经营　　　　　B. 控制风险　　　　　C. 客户至上　　　　　D. 利益驱动

二、多选题（以下各小题所给出的五个选项中，有两项或两项以上符合题目的要求，请选择相应选项，多选、少选、错选均不得分）

1. 个人质押贷款的特点包括（　　）。

    A. 贷款风险较低　　　　　　　　　B. 担保方式相对安全

    C. 时间短、周转快　　　　　　　　D. 操作流程短

    E. 质押物范围广泛

2. 贷款期限在1年以上的，合同期内遇法定利率调整时，由借贷双方按商业原则确定，可在合同期间按（　　）调整。

    A. 日　　　　　　　　B. 旬　　　　　　　　C. 月

    D. 季　　　　　　　　E. 年

三、判断题（请对以下各项描述做出判断，正确的为A，错误的为B）

    个人可循环授信额度为余额控制，在额度和期限内，借款人可以自行搭配每次使用的金额，贷款归还后，贷款额度可以循环使用，直至达到最高余额或期满。（　　）

    A. 正确　　　　　　　　　　　　　B. 错误

➡️ 答案详解

一、单选题

1. D【解析】个人贷款与公司贷款有所不同，其可以成为商业银行分散风险的资金运用方式。故选项D说法错误。

2. D【解析】客户可根据自身需求及还款能力的变化情况，与商业银行协商后改变还款方式，故选项D表述错误。

3. D【解析】到目前为止，我国个人贷款业务经历了起步、发展、规范和创新四个阶段。住房制度的改革促进了个人住房贷款业务的产生和发展；国内消费和创业需求的增长推动了个人信贷业务的蓬勃发展；商业银行股份制改革推动了个人贷款业务的规范发展；金融科技推动了个人贷款业务的创新发展。故选项A、选项B、选项C表述错误。

4. B【解析】采用等额累进还款法的借款人，如收入增加，可采取增大累进额、缩短间隔期等办法，使分期还款额增多，从而减少利息负担。

5. B【解析】从控制风险的角度讲，当借款人采用一种担保方式不能足额担保时，贷款银行一般要求借款人组合使用不同的担保方式对贷款进行担保。

二、多选题

1. ABCDE【解析】个人质押贷款的特点：①贷款风险较低，担保方式相对安全；②时间短、周转快、手续简便；③操作流程短；④质押物范围广泛。

2. CDE【解析】贷款期限在1年以上的，合同期内遇法定利率调整时，由借贷双方按商业原则确定，可在合同期间按月、按季、按年调整，也可采用固定利率的确定方式。

三、判断题

    A【解析】题干表述正确。

第二章 个人贷款管理

应试分析

本章是本课程的重点章节之一，主要内容包括个人贷款管理原则、个人贷款流程、个人贷款营销管理、个人贷款定价管理、个人贷款风险管理以及个人贷款押品管理。在历次考试中所占分值很高，约为24分，题型以单选题和多选题为主，判断题也有涉及。考查的重点主要集中在个人贷款的相关流程上。

思维导图

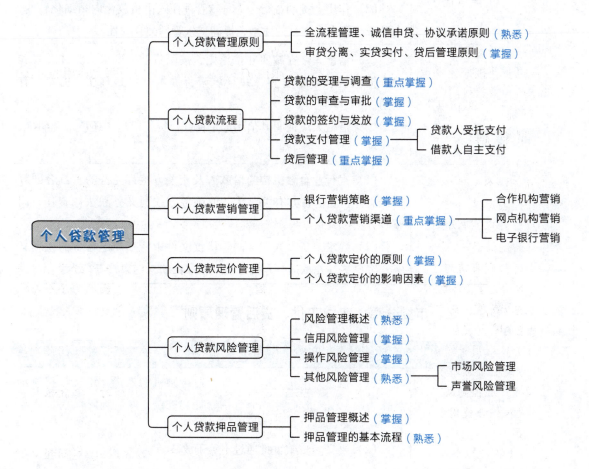

知识精讲

第一节 个人贷款管理原则

真考解读 考查相对较少，考生熟悉这三个原则即可。

一、全流程管理、诚信申贷、协议承诺原则 （熟悉）

原则	内容
全流程管理	（1）重点。将有效的信贷风险管理行为贯穿到贷款生命周期中的每个环节。 （2）作用。推动银行个人贷款管理模式由粗放化向精细化转变，有助于改善个人贷款的质量，提高贷款管理的有效性。
诚信申贷	（1）借款人恪守诚实守信原则，按照贷款人要求的具体方式和内容提供贷款申请材料，并且承诺所提供材料是真实、完整、有效的。 （2）借款人应证明其信用记录良好，贷款用途和还款来源明确、合法等。
协议承诺	（1）银行业金融机构与借款人及相关方签订完备的贷款合同等协议文件，规范各方有关行为，明确各方权利义务和法律责任，调整各方法律关系。 （2）要求。贷款人在合同等协议文件中清晰规定自身的权利义务；客户签订并承诺一系列事项，依靠法律来约束自身行为。

真考解读 属于常考点，一般会考1道题。

二、审贷分离、实贷实付、贷后管理原则 （掌握）

原则	内容
审贷分离	（1）概念。审贷分离是指银行业金融机构将贷款审批与贷款发放作为两个独立的业务环节分别管理和控制，以达到降低信贷业务操作风险的目的。 （2）要义。贷款审批通过不等于放款。 （3）作用。 ①加强商业银行的内部控制，防范操作风险。 ②践行全流程管理的理念，建设流程银行，提高专业化操作水平，强调各部门和岗位之间的有效制约，避免前台部门权力过于集中。

续表

原则	内容
实贷实付	（1）概念。实贷实付[解读1]是指银行业金融机构根据借款人的有效贷款需求，主要通过贷款人受托支付的方式，将贷款资金支付给符合合同约定的借款人交易对象的过程。 （2）关键。让借款人按照贷款合同的约定用途使用贷款资金，减少贷款挪用的风险。 （3）作用。有利于确保信贷资金进入实体经济，有助于贷款人提高贷款的精细化管理水平，有助于贷款人防范信用风险和法律风险。
贷后管理	（1）概念。贷后管理是指商业银行在贷款发放以后所开展的信贷风险管理工作。 （2）贷后管理原则的主要内容（重要）。 ①监督贷款资金按用途使用。 ②对借款人账户进行监控。 ③强调借款合同的相关约定对贷后管理工作的指导性和约束性。 ④明确贷款人按照监管要求进行贷后管理的法律责任。 （3）作用。有助于银行业金融机构提高风险管理水平，防范风险，控制信贷资产质量，是银行业金融机构建立长期、长效发展机制的基石。

解读1 在考试中经常考查审贷分离、实贷实付、贷后管理这三个原则，考生要熟练掌握它们的概念并能正确区分。

典型真题

【单选题】（　　）是指银行业金融机构将贷款审批与贷款发放作为两个独立的业务环节分别管理和控制，以达到降低信贷业务操作风险的目的。

A．贷后管理原则　　　　　　B．诚信申贷原则

C．审贷分离原则　　　　　　D．实贷实付原则

【答案】C【解析】审贷分离是指银行业金融机构将贷款审批与贷款发放作为两个独立的业务环节分别管理和控制，以达到降低信贷业务操作风险的目的。

【多选题】个人贷款管理的主要原则包括（　　）。

A．诚信申贷原则　　　　　　B．协议承诺原则

C．实贷实付原则　　　　　　D．审贷分离原则

E．全流程管理原则

【答案】ABCDE【解析】个人贷款管理的基本原则，包括全流程管理原则、诚信申贷原则、协议承诺原则、审贷分离原则、实贷实付原则和贷后管理原则。

第二节 个人贷款流程

真考解读 属于必考点，一般会考1~2道题。

一、贷款的受理与调查（重点掌握）

（一）贷款的受理

项目	内容
贷前咨询	（1）方式包括现场咨询、电话银行、网上银行、业务宣传手册等。 （2）主要内容如下。 ①个人贷款品种的介绍。 ②申请个人贷款须具备的条件。 ③申请个人贷款须提供的资料。 ④办理个人贷款的程序。 ⑤个人贷款合同中的主要条款。 ⑥获取个人贷款申请书、申请表格及相关信息的渠道。 ⑦个人贷款经办机构的地址及联系电话。 ⑧其他相关内容。
受理程序	（1）接受申请→初审。 （2）借款申请人应以书面形式提出个人贷款申请，并按要求提交能证明其符合贷款条件的相关申请材料（有共同申请人的，应同时要求共同申请人提交有关申请材料）。 （3）个人贷款申请应具备的条件。 ①借款人为具有完全民事行为能力的中华人民共和国公民或符合国家有关规定的境外自然人。 ②贷款用途明确合法。 ③贷款申请数额、期限和币种合理。 ④借款人具备还款意愿和还款能力。 ⑤借款人信用状况良好，无重大不良信用记录。 ⑥贷款人要求的其他条件。 （4）贷款受理人应对借款申请人提交的借款申请书及申请材料进行初审，主要审查借款申请人的主体资格及其提交材料的完整性与规范性。

典型真题

【单选题】个人贷款贷前咨询的主要内容不包括（ ）。

A．个人贷款品种介绍   B．个人贷款经办机构的注册资本

C．办理个人贷款的程序   D．申请个人贷款须提供的资料

【答案】B【解析】根据教材知识点可知，选项 B 不属于个人贷款贷前咨询的主要内容。

（二）贷前调查 解读1

项目	内容
调查方式	（1）方式。以实地调查为主、间接调查为辅，采取现场核实、电话查问以及信息咨询等方式。 （2）具体审查途径。 ①审查借款申请资料：了解借款申请人的基本情况及贷款担保情况等。 ②与借款申请人面谈（可采取书面记录形式，由贷前调查人确认签字后存档作为贷款审批依据）：了解借款申请人的基本情况、贷款用途以及调查人认为应调查的其他内容。 ③实地调查：了解申请人抵押物状况等。
调查要求	（1）贷款人应建立并严格执行贷款面谈、面签和居访制度。 （2）通过电子银行渠道发放低风险质押贷款的，贷款人至少应当采取有效措施确定借款人真实身份。 （3）贷款人在不损害借款人合法权益和风险可控的前提下，可将贷款调查中的部分特定事项审慎委托第三方代为办理，但必须明确第三方的资质条件。 （4）贷款人不得将贷款调查的全部事项委托第三方完成。
调查内容（包括但不限于）	（1）申请材料的一致性。 ①审批表填写内容与相关证明材料一致。 ②相关证明材料副本或复印件与正本一致。 （2）借款申请人基本情况，包括身份证件、家庭住址、居住稳定情况。 （3）借款申请人信用情况。申请人与银行的历史往来，可从中国人民银行征信中心查询。 （4）借款申请人收入情况。 ①稳定的工资收入证明（如过去至少 3 个月的工资单）。

解读1 必考点：综合考查贷前调查的相关内容。

项目	内容
	②投资经营收入证明（如纳税证明、股东分红决议）。 ③财产情况证明（如房产证、股票）。 ④其他收入证明材料。 （5）担保情况。

担保方式	应当调查的内容
抵押担保	①抵押物的合法性：调查抵押物是否属于《民法典》规定且银行认可的抵押财产范围。 ②抵押人对抵押物占有的合法性：抵押物已设定抵押权属情况、抵押物权属情况是否符合设定抵押的条件、借款申请人提供的抵押物是否为抵押人所拥有、财产共有人是否同意抵押、抵押物所有权是否完整。 ③抵押物价值与存续情况：抵押物是否真实存在及其存续状态，评估价格是否合理。
质押担保	①质押权利^{解读2}的合法性：调查出质人出具的质押物是否在银行个人贷款办法规定的范围内，是否有伪造迹象。 ②出质人对质押权利占有的合法性：调查权利凭证上的所有人与出质人是否为同一人，出质人是否具有处分有价证券的权利。
保证担保	①保证人是否符合《民法典》及其司法解释规定具备的保证资格。 ②保证人为法人的，应调查保证人是否具备保证人资格，是否具有代偿能力，如果保证人在 3 年内连续亏损、在银行黑名单之列或有重大违法行为损害银行利益的，均不得作为保证人。 ③保证人为自然人的，应要求保证人提交相关材料，应查验贷款保证人的资信证明材料的真实性及有效性。 ④保证人与借款人的关系。 ⑤核实保证人保证责任的落实，查验保证人是否具有保证意愿并明确告知其保证责任。

项目一列中间为：调查内容（包括但不限于）

解读2 质押权利条件：质押物价值、期限等要素是否与贷款金额、期限匹配，质押物共有人是否同意质押等。

续　表

项目	内容
调查内容 （包括但 不限于）	（6）借款用途（真实性）。 ①采取受托支付方式：借款人须提供用途证明材料和交易对象收款账户信息。 ②采取自主支付方式：借款人无须提供贷款用途证明材料，但客户经理应要求借款人保留用途证明材料，定期向银行告知贷款资金支付情况，并在规定时间内提供用途证明材料。

典型真题

【单选题】下列关于个人贷款贷前调查的表述中，错误的是（　　）。

A. 贷款调查可采取现场核实、电话查问以及信息咨询等途径和方法

B. 贷款人应建立并严格执行贷款面谈制度

C. 作为第三方代为办理贷款调查事项的机构必须符合严格的资质条件

D. 贷款人在不损害借款人合法权益和风险可控的前提下，可将贷款调查中的全部事项审慎委托第三方代为办理

【答案】D【解析】贷款人在不损害借款人合法权益和风险可控的前提下，可将贷款调查中的部分特定事项审慎委托第三方代为办理，但必须明确第三方的资质条件。故选项D表述错误。

【单选题】在个人贷款的受理与调查环节中，抵押人对抵押物占有的合法性调查内容不包括（　　）。

A. 财产共有人是否同意抵押

B. 抵押物是否已设定抵押权属

C. 借款申请人提供的抵押物是否为抵押人所拥有

D. 抵押物所有权是否完整

【答案】B【解析】抵押人对抵押物占有的合法性：抵押物已设定抵押权属情况、抵押物权属情况是否符合设定抵押的条件、借款申请人提供的抵押物是否为抵押人所拥有、财产共有人是否同意抵押、抵押物所有权是否完整。

二、贷款的审查与审批（掌握）

（一）贷款的审查

项目	内容
贷款审查	贷款审查应当对贷款调查内容的合法性、合理性、准确性进行全面审查。具体的审查内容如下。

真考解读 属于常考点，一般会考1道题。

项目	内容
贷款 审查^{解读3}	（1）借款申请人是否具备资格和条件。 （2）借款用途是否符合银行规定。 （3）申请借款的金额及期限等是否符合有关规定。 （4）借款申请人提供的材料是否完整、合法、有效。 （5）贷前调查人的调查意见、对借款申请人资信状况的评价分析及提出的贷款建议是否准确、合理。 （6）报批贷款的主要风险点及相应防范措施是否有效、合规。 （7）其他需要审查的事项。
贷款风险 评价	贷款风险评价是指以借款人现金收入的分析为基础，采取定量和定性分析方法，全面、动态地进行贷款审查和风险评估。贷款人应当建立与完善借款人信用记录和评价体系。

（二）贷款的审批

项目	内容
原则	根据审慎性原则，完善授权管理制度，规范审批操作流程，明确贷款审批权限，实行审贷分离和授权审批制度，确保贷款审批人员按照授权独立审批贷款。
流程	（1）组织报批材料^{解读4}。由个人贷款业务部门负责。 （2）审批。贷款审批人根据银行个人贷款办法及相关规定，结合国家宏观调控政策或业务投向政策，从银行利益出发，审查每笔个人贷款业务的合规性、可行性及经济性，根据借款申请人的偿还能力及抵押担保的充分性与可行性等情况，分析该笔业务预计给银行带来的风险和收益。 （3）提出审批意见。 ①单人审批：贷款审批人直接在个人信贷业务审批表上签署审批意见。 ②双人审批：两名贷款审批人同时签署"同意"^{解读5}意见时，审批方可通过。 ③多人审批（2/3多数票原则）："同意"票数达评审人数2/3及以上时，审批方可通过。

解读3 贷款审查的重点：调查人的尽职情况和借款人的偿还能力、诚信状况、担保情况、抵（质）押比率、风险程度等。

解读4 报批材料包括个人信贷业务审批申请表、报批材料清单、申请某种贷款须提供的材料等。

解读5 "同意"表示完全同意按申报的方案办理该笔业务；"否决"表示不同意按申报的方案办理该笔业务。

续 表

项目	内容
流程	（4）审批意见落实。 ①未获批准的借款申请：贷前调查人应及时告知借款申请人，退还有关资料并解释原因，同时将信贷拒批记录存档。 ②须补充材料的借款申请：贷前调查人应按要求及时补充材料后重新履行审查及审批程序。 ③经审批同意或有条件同意的贷款：如贷款条件与申报审批的贷款方案内容不一致的，应提出明确的调整意见，信贷经办人员应及时通知借款申请人并按要求落实有关条件、办理合同签约和发放贷款等。
注意事项	（1）确保贷款业务的办理符合银行政策及制度。 （2）确保贷款申请资料合规，资料审查流程严密。 （3）确保贷款方案合理，对每笔借款申请的风险情况进行综合判断，保证贷款审批质量。 （4）确保符合转授权规定，对于单笔贷款超过经办行审批权限的，必须逐笔将贷款申请及经办行审批材料报上级行进行后续审批。 （5）确保严格按照流程逐级审批。

典型真题

【单选题】从银行利益出发，贷款审批人应审查每笔个人贷款业务的合规性、可行性及（　　）。

A．有效性　　　　　　　　B．经济性

C．合理性　　　　　　　　D．合法性

【答案】B【解析】贷款审批人依据银行个人贷款办法及相关规定，结合国家宏观调控政策或行业投向政策，从银行利益出发，审查每笔个人贷款业务的合规性、可行性及经济性。

【单选题】在个人住房贷款的审批过程中，采用单人审批时，贷款审批人直接在（　　）上签署审批意见。

A．个人住房借款申请书　　B．个人信贷业务报批材料清单

C．个人信贷业务审批表　　D．个人住房贷款调查审查表

【答案】C【解析】在个人住房贷款的审批过程中，采用单人审批时，贷款审批人直接在个人信贷业务审批表上签署审批意见。

真考解读 属于常考点,一般会考 1 道题。

三、贷款的签约与发放（掌握）

（一）贷款的签约

项目	内容
填写合同	贷款签约人员应根据审批意见确定应使用的合同文本并填写合同。填写合同时需要注意以下几点。 （1）合同文本要使用统一格式的个人贷款的有关合同文本。对于有特殊要求的单笔贷款,可以在合同中的其他约定事项中进行约定。 （2）合同填写必须做到标准、规范、要素齐全、数字正确、字迹清晰、不错漏、不潦草,防止涂改。 （3）需要填写空白栏,且空白栏后有备选项的,在横线上填好选定的内容后,对未选的内容应加横线表示删除;合同条款有空白栏,但根据实际情况不准备填写内容的,应加盖"此栏空白"字样的印章。 （4）贷款金额、贷款期限、贷款利率、担保方式、还款方式、划款方式等有关条款要与贷款最终审批意见一致。
审核合同	合同填写完毕后,填写人员应及时将有关合同文本交由合同复核人员进行复核^{解读6}。复核时需要注意以下两点。 （1）合同复核人员负责根据审批意见复核合同文本及附件填写的完整性、准确性、合规性,主要包括以下内容:文本书写是否规范,内容是否与审批意见一致;合同条款填写是否齐全、准确;文字表达是否清晰;主从合同及附件是否齐全等。 （2）合同文本复核人员应就复核中发现的问题及时与合同填写人员沟通,并建立复核记录,交由合同填写人员签字确认。
签订合同	合同填写且复核无误后,贷款签约人员应负责与借款人（包括共同借款人）、担保人（抵押人、出质人、保证人）签订合同。 （1）注意事项。 ①在签订（预签）有关合同文本前,应履行充分告知义务。 ②借款人、担保人为自然人的,应在当面核实签约人身份证明之后由签约人当场签字;贷款人委托第三方办理的,应对抵押物登记情况予以核实。如果签约人委托他人代替签字,签字人必须出具委托人委托其签字并经公证的委托授权书。对担保人为法人的,签字人应为其法定代表人或其授权代理人,授权代理人必须提供有效的书面授权文件。 ③对采取抵押担保方式的,应要求抵押物共有人在相关合同文本上签字。

解读6 同笔贷款的合同填写人员与合同复核人员不得为同一人。

续　表

项目	内容
	④借款人、担保人等签字后，贷款签约人员应将有关合同文本、贷款调查审批表和合同文本复核记录等材料送交银行个人贷款合同有权签字人审查，审查通过后在合同上签字或加盖按个人签字笔迹制作的个人名章，之后按照用印管理规定负责加盖银行个人贷款合同专用章。 ⑤银行可根据实际情况决定是否办理合同公证。 （2）违约行为[解读7]及相应的处理措施。

项目		内容
签订合同[解读8]	违约行为	①借款人未能或拒绝按合同的条款规定，及时足额偿还贷款本息和应支付的其他费用。 ②借款人和担保人未能履行有关合同所规定的义务，包括借款人未按合同规定的用途使用贷款。 ③借款人拒绝或阻挠贷款银行监督检查贷款使用情况的。 ④借款人和担保人在有关合同中的陈述与担保发生重大失实，或提供虚假文件资料，或隐瞒重要事实，已经或可能造成贷款损失的。 ⑤抵押物受毁损导致其价值明显减少或贬值，以致全部或部分失去了抵押价值，足以危害贷款银行利益，而借款人未按贷款银行要求重新落实抵押、质押或保证的。 ⑥抵押人、出质人未经贷款银行书面同意擅自变卖、赠与、出租、拆迁、转让、重复抵（质）押或以其他方式处置抵（质）押物的。 ⑦借款人、担保人在贷款期间的其他违约行为。
	处理措施	①要求限期纠正违约行为。 ②要求增加所减少的相应价值的抵（质）押物，或更换担保人。 ③停止发放尚未使用的贷款。 ④在原贷款利率基础上加收利息。 ⑤提前收回部分或全部贷款本息。 ⑥定期在公开报刊及有关媒体上公布违约人姓名、身份证号码及违约行为。 ⑦向保证人追偿。 ⑧依据有关法律及规定处分抵（质）押物。 ⑨向仲裁机关申请仲裁或向人民法院起诉。

解读7 借款人、担保人在贷款期间发生任何一项违约行为，贷款银行可采取处理措施中的任何一项或全部措施。

解读8 签订合同涉及的知识点较多，且在考试中可能会单独考查某一项内容，如违约行为或者处理措施等，也会综合考查整体的内容，考生要在理解的基础上记忆。

续　表

项目	内容
签订合同	（3）特殊事件。 ①借款人、担保人（自然人）死亡或宣告死亡而无继承人或遗赠人或宣告失踪而无财产代管人。 ②借款人、担保人（自然人）破产、受刑事拘留、监禁，以致影响债务清偿的。 ③担保人（非自然人）经营和财务状况发生重大的不利变化或已经法律程序宣告破产，影响债务清偿或丧失了代为清偿债务的能力。 ④借款人、担保人对其他债务有违约行为或因其他债务的履行，影响贷款银行权利的实现。 【提示】借款人、担保人因发生上述特殊事件而不能正常偿还贷款本息时，贷款银行有权采取停止发放尚未使用的贷款和提前收回贷款本息等措施。

典型真题

【单选题】下列关于个人汽车贷款合同文本填写的表述中，错误的是（　　）。

A. 必须做到不错漏、不潦草

B. 贷款金额和贷款期限经双方协商涂改后加盖双方印章

C. 必须做到数字正确、字迹清晰

D. 必须做到标准、规范、要素齐全

【答案】B【解析】合同填写必须做到标准、规范、要素齐全、数字正确、字迹清晰、不错漏、不潦草，防止涂改。故选项B表述错误。

【判断题】当事人因故不能亲自到银行现场签署借款合同的，需事先全权委托（授权）他人（具有完全民事行为能力的中华人民共和国公民）代为签约，该委托或授权书必须经过公证机关公证。（　　）

A. 正确　　　　　　　　　　B. 错误

【答案】A【解析】题干表述正确。

（二）贷款的发放

项目	内容
原则	审贷与放贷分离原则。
条件	（1）需要办理保险、公证等手续的，有关手续已经办理完毕。 （2）对采取委托扣划还款方式的借款人，要确认其已在银行开立还本付息账户用于归还贷款。

续 表

项目	内容
条件	（3）对采取抵（质）押的贷款，要落实贷款抵（质）押手续。 （4）对保证人为自然人的，应明确并落实履行保证责任的具体操作程序；对保证人有保证金要求的，应要求保证人在银行存入一定期限的还本付息额的保证金。
流程	（1）业务部门在接到放款通知书后审核其真实性、合法性及完整性。 （2）审核无误后，业务部门开户放款。开户放款包括一次性开户放款和分次放款两种。 ①一次性开户放款：根据合同约定的划款方式，一次性将全部贷款发放到有关账户中。 ②分次放款[解读9]：根据贷款的用途和使用要求，在合同中约定将贷款按照建立的分次放款计划分多次将贷款发放到有关账户中。 （3）开户放款完成后，银行应将放款通知书、个人贷款信息卡等一并交予借款人做回单。

四、贷款支付管理（掌握）

项目	贷款人受托支付	借款人自主支付
概念[解读10]	贷款人受托支付是指贷款人根据借款人的提款申请及支付委托，将贷款资金支付给符合合同约定用途的借款人交易对象。	借款人自主支付是指贷款人根据借款人的提款申请将贷款资金直接发放至借款人账户，并由借款人自主支付给符合合同约定用途的借款人交易对象。
具体要求	（1）银行应明确受托支付条件，规范受托支付的审核要件。 （2）借款人在使用贷款时需要提出支付申请，并授权贷款人按合同约定方式支付贷款资金。 （3）贷款人应在贷款资金发放前审核借款人交易是否符合合同约定条件。 （4）受托支付完成后，贷款人应记录资金流向并归集保存相关凭证。	（1）贷款人应与借款人事先约定，要求借款人定期将贷款资金支付情况如实报告或告知贷款人。 （2）贷款人应当通过账户分析、凭证查验或现场调查等方式，核查贷款支付是否符合约定用途。

解读9 考生需要注意：在分次放款中，各分次放款金额合计应与合同总金额一致。

真考解读 属于常考点，一般会考1道题。

解读10 考生要注意区分贷款人受托支付与借款人自主支付的概念，在考试中经常会将其中一个作为混淆项来误导考生。

续　表

项目	贷款人受托支付	借款人自主支付
支付方式的转换	个人贷款原则上应当采用贷款人受托支付的方式向借款人交易对象支付。但存在下列情形之一的个人贷款，经贷款人同意可以采取借款人自主支付方式。 （1）借款人无法事先确定具体交易对象且金额不超过30万元人民币的。 （2）借款人交易对象不具备条件有效使用非现金结算方式的。 （3）贷款资金用于生产经营且金额不超过50万元人民币的。 （4）法律法规规定的其他情形。	

典 型 真 题

【单选题】个人贷款原则上应当采用（　　）的方式向借款人交易对象支付。

A. 借款人受托支付　　　　　　　B. 贷款人自主支付

C. 贷款人受托支付　　　　　　　D. 借款人自主支付

【答案】C【解析】个人贷款原则上应当采用贷款人受托支付方式向借款人交易对象支付。

真考解读属于必考点，一般会考2~3道题。

五、贷后管理（重点掌握）

（一）贷后管理的概念与内容

项目	说明
概念	贷后管理是指贷款发放后到合同终止期间对有关事宜的管理。
内容	贷后检查、合同变更、贷款的回收、贷款的风险分类和不良贷款的管理以及贷款档案管理等。

（二）贷后检查^{解读11}

解读11 常考点：贷后检查的主要内容。

项目	内容
概念	贷后检查是指以借款人、保证人、抵（质）押物为对象，通过客户提供、访谈、实地检查、行内资源查询等途径获取信息，对影响贷款资产质量的因素进行持续跟踪调查、分析，并采取相应预防或补救措施的过程。

续　表

项目	内容
对借款人的检查	（1）主要内容。 ①贷款资金的使用情况。 ②借款人是否按期足额归还贷款。 ③借款人的工作单位、收入水平是否发生变化。 ④定期查询相关系统，了解借款人在其他金融机构的信用状况。 ⑤借款人的住所、抵押房产情况、价值权属及联系电话是否发生变化。 ⑥是否发生可能影响借款人还款能力或还款意愿的突发事件，如卷入重大经济纠纷、诉讼或仲裁程序，家庭发生重大变化，借款人身体状况恶化或突然死亡等。 （2）违法行为及相应的处理措施。 （内嵌表） <table><tr><td>项目</td><td>内容</td></tr><tr><td>违法行为</td><td>①借款人提供了虚假的证明材料而取得贷款的。②借款人未按合同约定用途使用贷款的。③借款期内，借款人累计一定月数（包括计划还款当月）未偿还贷款本息和支付相关费用的。④借款人拒绝或阻碍贷款银行对贷款使用情况实施监督检查的。⑤借款人卷入重大经济纠纷、诉讼或仲裁程序，足以影响其偿债能力的。⑥借款人发生其他足以影响其偿债能力的事件的。</td></tr><tr><td>处理措施</td><td>限期要求借款人进行纠正；对借款人拒绝纠正的，应提前收回已发放贷款的本息，或解除合同，并要求借款人承担违约责任。</td></tr></table>
对担保情况的检查	（1）主要内容包括保证人的经营状况和财务状况，抵押物的存续状况、使用状况、价值变化情况，质押权利凭证的时效性和价值变化情况等。 （2）违法行为及相应的处理措施。

解读12有关保证人、抵押物以及质押权利的违法行为不同，但是处理措施是相同的，考生在记忆时只需要记住它们各自对应的违法行为即可。

解读13 《民法典》规定设立抵押权的财产抵押期间，抵押人可以转让抵押财产，并新增了设立居住权的有关规定，将对银行抵押物管理能力提出更高要求。

项目	内容

项目	违法行为解读12	处理措施
对担保情况的检查	**保证人** ①保证人失去担保能力的。 ②作为保证人的法人，其经济组织发生承包、租赁、合并和兼并、合资、分立、联营、股份制改造、破产、撤销等行为，足以影响借款合同项下保证人承担连带保证责任的。 ③作为保证人的自然人发生死亡、宣告失踪或丧失民事行为能力的。 ④保证人拒绝贷款银行对其资金和财产状况进行监督的。 ⑤保证人向第三方提供超出其自身负担能力的担保的。	限期要求借款人更换贷款银行认可的新担保；对于借款人拒绝或无法更换贷款银行认可的担保的，应提前收回已发放的贷款的本息，或解除合同。
	抵押物解读13 ①抵押人未妥善保管抵押物或拒绝贷款银行对抵押物是否完好进行检查的。 ②因第三人的行为导致抵押物的价值减少，而抵押人未将损害赔偿金存入贷款银行指定账户的。 ③抵押物毁损、灭失、价值减少，足以影响贷款本息的清偿，抵押人未在一定期限内向贷款银行提供与减少的价值相当的担保的。 ④未经贷款银行书面同意，抵押人转让、出租、再抵押或以其他方式处分抵押物的。 ⑤抵押人经贷款银行同意转让抵押物，但所得价款未用于提前清偿所担保的债务的。 ⑥抵押物被重复抵押的。	同上。

续 表

项目	内容	

续 表

项目	违法行为	处理措施
质押权利	①质押权利出现非贷款银行因素的意外毁损、灭失、价值减少，出质人未在一定期限内向贷款银行提供与减少的价值相当的担保的。 ②出质人经贷款银行同意转让质押权利，但所得价款未用于提前清偿所担保的债务的。 ③质押期间未经贷款银行书面同意，质押人赠与、转让、兑现或以其他方式处分质押权利的。	同上。

对担保情况的检查

（3）注意事项。

①贷款经办行可定期对正常贷款进行抽查。

②对于借款人未按合同承诺提供真实、完整信息和未按合同约定用途使用、支付贷款等行为，银行应当按照法律法规规定和借款合同的约定，追究其违约责任。

③发现贷款逾期的，应立即进行贷后检查，对存量逾期或欠息贷款的检查间隔期最长不超过1个月。

典型真题

【单选题】发现贷款逾期的，应立即进行贷后检查，对存量逾期或欠息贷款的检查间隔期最长不超过（　　）。

A. 2个月　　　　B. 半个月　　　　C. 3个月　　　　D. 1个月

【答案】D【解析】发现贷款逾期的，应立即进行贷后检查，对存量逾期或欠息贷款的检查间隔期最长不超过1个月。

（三）合同变更解读14

合同变更项目	内容
合同主体	（1）在合同履行期间，须变更借款合同主体的，借款人或财产继承人持有效法律文件，向贷款银行提出书面申请。

解读14 必考点：合同变更各项目涉及的内容，尤其是合同主体、借款期限以及还款方式的调整。

合同变更项目	内容
合同主体^{解读15}	（2）经办人应对变更后的借款人主体资格、资信情况进行调查，核实担保人是否同意继续提供担保等，形成书面调查报告后，按贷款审批程序进行审批。 （3）经审批同意变更借款合同主体后，贷款银行与变更后的借款人、担保人重新签订有关合同文本。 （4）当发生保证人失去保证能力或保证人破产、分立、合并等情况时，借款人应及时通知贷款银行，并重新提供贷款银行认可的担保。 （5）借款人在还款期限内死亡、宣告死亡、宣告失踪或丧失民事行为能力后，如果没有财产继承人和受遗赠人，或者继承人、受遗赠人拒绝履行借款合同的，贷款银行有权提前收回贷款，并依法处分抵押物或质押物，用以归还未清偿部分。
借款期限	（1）概念。借款期限调整是指借款人因某种特殊原因，向贷款银行申请变更贷款还款期限，包括延长期限、缩短期限等。 （2）借款期限调整必须具备的条件包括贷款未到期、无欠息、无拖欠本金、本期本金已归还。 （3）延长期限。 ①延长期限是指借款人申请在原来借款期限的基础上延长一定的期限，借款合同到期日则相应延长。 ②1年以内（含1年）的个人贷款，展期期限累计不得超过原贷款期限；1年以上的个人贷款，展期期限累计与原贷款期限相加，不得超过该贷款品种规定的最长贷款期限。 ③已计收的利息不再调整；如遇贷款市场报价利率等基础利率调整，从延长之日起，贷款利率将按照合同约定的利率重定价方式执行或按国家有关规定执行。 （4）缩短期限。 ①缩短期限是指借款人申请在原来借款期限的基础上缩短一定的期限，借款合同到期日则相应提前。 ②对分期还款类个人贷款账户，缩短借款期限后，剩余有效还款期数不能为零。 ③对到期一次性还本付息类个人贷款账户，缩短借款期限后新的借款期限达到新的利率期限档次时，从缩短之日起，贷款利率按新的期限档次利率执行。

解读15 合同内容需要变更的，必须经当事人各方协商同意，并签订相应变更协议；办理抵押变更登记的，还应到原抵押登记部门办理变更抵押登记手续及其他相关手续。

续 表

合同变更项目	内容
借款期限	④已计收的利息不再调整；如遇法定利率调整，从缩短之日起，贷款利率将按照合同约定的利率重定价方式执行或按国家有关规定执行。
分期还款额	（1）借款人提前部分还款后，对于希望保持原贷款期限不变，仅调整分期还款额的申请，银行应在办理完提前部分还款手续后，按贷款余额、剩余贷款期限重新计算分期还款额。 （2）借款人提前部分还款后，对于需要调整贷款期限并相应调整分期还款额的，经办人应要求借款人按调整贷款期限提出申请，并按借款期限调整的规定办理。
还款方式	借款人变更还款方式需要满足以下条件。 （1）向银行提交还款方式变更申请书。 （2）借款人的贷款账户中没有拖欠本息及其他费用。 （3）借款人在变更还款方式前应归还当期的贷款本息。
担保	（1）在合同履行期间，借款人申请变更保证人或抵（质）押物的，须向银行提出变更贷款担保申请。 （2）以房产作为新的抵押物的，必须由银行认可的评估机构对房产进行评估。

典 型 真 题

【单选题】下列关于借款合同的变更与解除的说法中，错误的是（   ）。

A. 借款合同依法需要变更，必须经借贷双方协商同意，协商未达成之前借款合同继续有效

B. 办理抵押变更登记时，借款人应到原抵押登记部门办理变更抵押登记手续及其他相关手续

C. 当借款保证人失去保证能力时，借款人可申请以信用贷款替代原贷款

D. 借款人在还款期限内丧失民事行为能力后，如果没有财产继承人和受遗赠人，贷款银行有权提前收回贷款，并依法处分抵押物或质押物，用以归还未清偿部分

【答案】C【解析】当发生保证人失去保证能力或保证人破产、分立、合并等情况时，借款人应及时通知贷款银行，并重新提供贷款银行认可的担保，故选项 C 说法错误。

【单选题】下列关于借款人缩短借款期限的说法中，错误的是（　　）。

A. 对分期还款类个人贷款账户，剩余有效还款期数不能为零

B. 缩短期限是指借款人申请在原来借款期限的基础上缩短一定的期限，借款合同到期日则相应提前

C. 已计收的利息不再调整

D. 对到期一次性还本付息类个人贷款账户，缩短借款期限后新的借款期限达到新的利率期限档次时，从缩短之日起，贷款利率仍按原来的期限档次利率执行

【答案】D【解析】对到期一次性还本付息类个人贷款账户，缩短借款期限后新的借款期限达到新的利率期限档次时，从缩短之日起，贷款利率按新的期限档次利率执行，故选项D说法错误。

（四）贷款的回收

项目	内容
概念	贷款的回收是指借款人按借款合同约定的还款计划和还款方式及时、足额地偿还本息。贷款本息到期足额收回是贷后管理的最终目的。
贷款支付方式与还款方式	（1）贷款支付方式包括委托扣款和柜面还款。 （2）还款方式在借款合同中规定。
回收原则	先收息，后收本，全部到期，利随本清。

（五）贷款风险分类和不良贷款的管理 解读16

项目	内容
贷款风险分类	（1）原则。不可拆分原则，即一笔贷款只能处于一种贷款形态而不能同时处于多种贷款形态。 　　（2）分类。 　　①正常贷款：借款人一直能正常还本付息，不存在任何影响贷款本息及时、全额偿还的不良因素，或借款人未正常还款属偶然性因素造成的。 　　②关注贷款：借款人虽能还本付息，但存在影响贷款本息及时、全额偿还的不良因素。 　　③次级贷款：借款人的正常收入已经不能保证及时、全额偿还贷款本息，需要通过出售、变卖资产，对外借款，保证人、保险人履行保证、保险责任或处理抵（质）押物才能归还全部贷款本息。

解读16 必考点：贷款风险的五级分类。

续 表

项目	内容
贷款风险分类	④可疑贷款：贷款银行已要求借款人及有关责任人履行保证、保险责任，处理抵（质）押物，预计贷款可能发生一定损失，但损失金额尚不能确定。 ⑤损失贷款：借款人无力偿还贷款，履行保证、保险责任和处理抵（质）押物后仍未能清偿的贷款及借款人死亡或依照《民法典》的规定借款人宣告失踪或死亡，以其财产或遗产清偿后，仍未能还清的贷款。
不良贷款的管理	（1）次级贷款、可疑贷款和损失贷款被认定为不良贷款。 （2）不良贷款的催收方式包括电话催收、信函催收、上门催收、中介机构催收、律师函催收、司法催收等。 （3）处置。抵押物处置可采取与借款人协商变卖、向法院提起诉讼或申请强制执行依法处分。对需要核销的个人贷款，贷款银行应按照有关认定及核销的规定组织申报材料，按规定程序批准后核销。对银行保留追索权的贷款，各经办行应实行"账销案存"，建立已核销贷款台账，定期向借款人和担保人发出催收通知书，并注意诉讼时效。

典型真题

【单选题】贷款银行已要求借款人及有关责任人履行保证、保险责任，处理抵（质）押物，预计贷款可能发生一定损失，但损失金额尚不能确定，则该种贷款属于（   ）。

A. 可疑贷款　　B. 次级贷款　　C. 损失贷款　　D. 关注贷款

【答案】A【解析】可疑贷款是指贷款银行已要求借款人及有关责任人履行保证、保险责任，处理抵（质）押物，预计贷款可能发生一定损失，但损失金额尚不能确定。

【单选题】关于贷款的风险分类，下列说法正确的是（   ）。

A. 商业银行应按照《贷款风险分类指引》，至少将贷款划分为正常、关注、可疑和损失四类

B. 贷款风险分类结果一旦确定，便不可进行调整

C. 不良个人贷款包括五级分类中的后三类贷款，即关注、可疑和损失类贷款

D. 贷款风险分类应遵循不可拆分原则，即一笔贷款只能处于一种贷款形态，而不能同时处于多种贷款形态

【答案】D【解析】商业银行一般将贷款划分为正常、关注、次级、可疑和损失五类。故选项A说法错误。贷款风险分类一般先进行定量分类，即先根据借款人连续违约次（期）数进行分类，再进行定性分类，即根据借款人违约性质和贷款风险程度对定量分类结果进行必要的修正和调整。故选项B说法错误。不良个人贷款包括五级分类中的后三类贷款，即次级、可疑和损失类贷款。故选项C说法错误。

（六）贷款档案管理

项目	内容
概念	贷款档案管理是指个人贷款发放后有关贷款资料的收集整理、归档登记、保存、借（查）阅管理、移交及管理、退回和销毁的全过程。
贷款档案	（1）借款人的相关资料包括借款人身份证件[解读17]，贷款银行认可部门出具的借款人经济收入和偿债能力证明，抵（质）押物清单、权属证明、有处分权人同意抵（质）押的证明及有权部门出具的抵押物估价证明，保证人资信证明及同意提供担保的文件，个人贷款申请审批表，借款合同，抵押合同（质押合同、保证合同），保险合同、保险单据，贷款凭证，委托转账付款授权书等。 （2）贷后管理的相关资料包括贷后检查记录和检查报告，逾期贷款催收通知书，贷款制裁通知书，法律仲裁文件，依法处理抵押物、质押物等形成的文件以及贷款核销文件。
具体规定	（1）贷款档案可以是原件或者具有法律效力的复印件。 （2）银行可根据业务需要和人员配置情况，决定是否设立专门或兼职的个人贷款档案管理人员，档案管理人员应具备一定的档案专业知识和个人贷款业务知识，负责个人贷款档案资料的登记和管理工作。 （3）银行可根据业务需要和所具备的条件，确定个人贷款档案是独立保管还是与银行其他档案共用保管场所。 （4）档案的借（查）阅管理可以利用计算机系统或人工进行。 （5）借出、借阅、归还已归档保存的个人贷款档案时，档案管理人员应根据档案管理规定，要求借阅、查询人员填写有关的登记表并签字；借阅有关贷款的重要档案资料时，必须经过有权人员的审批同意。档案管理人员还应对借阅、归还等情况进行登记。 （6）借款人还清贷款本息后，一些档案材料应退还借款人。

解读17 身份证件主要包括居民身份证、户口簿或其他有效证件。

续 表

项目	内容
具体规定	（7）领取重要档案材料应由借款人本人办理，并出示身份证原件。借款人委托他人领取的，受托人应出示借款人签发的委托书原件及借款人身份证复印件、受托人本人身份证原件、受托人身份证复印件。

第三节 个人贷款营销管理

视频讲解 微信扫描

一、银行营销策略（掌握）

真考解读 属于常考点，一般会考1道题。

项目	内容
低成本策略	（1）强调降低银行成本，使银行保持令人满意的边际利润，同时成为一个低成本竞争者。 （2）在客户对价格十分敏感的情况下，竞争基本上是在价格上展开的，此时宜采用低成本策略。
差异化策略	（1）力求在客户的心目中树立一种独特的观念，并以此为基础，将它运用到市场竞争中。 （2）当银行运用对客户需求有价值的方法把自己区别于竞争对手，而且竞争对手使用的差异化服务的数目少于有效的差异化服务的数目时，宜采用差异化策略。
专业化策略	（1）旨在专注于某个服务领域，瞄准特定细分市场，针对特定地理区域。 （2）当一家银行的实力范围狭窄、资源有限，或是面对强大的竞争对手时，专业化策略可能就是它唯一可行的选择。
大众营销策略	（1）银行的产品和服务满足大众化需求，适用于所有人群。 （2）特点：目标大、针对性不强、效果差。
单一营销策略 解读1	（1）针对客户个体需求制定不同的产品或服务，有针对性地满足单个客户的需求。 （2）特点：针对性强、能为客户提供个性化服务，但营销渠道窄、营销成本高。

解读1 单一营销策略适用于少数尖端人群。

项目	内容
情感营销策略	在单一营销的基础上加入人性化的营销理念，主张用情感打动客户的心。
定向营销策略	为保证共赢，银行与客户之间必须建立有效的交流渠道。
分层营销策略	将客户分成不同的细分市场，提供不同的产品和不同的服务。
交叉营销策略	基于银行及客户的现有关系，向客户推荐银行的其他产品。其立足点是把精力花在挽留老客户上，而不是放在争取新客户上。

典型真题

【单选题】关于银行的营销策略，下列说法错误的是（　　）。

A. 在客户对价格十分敏感的情况下，竞争基本上是在价格上展开的，此时低成本策略特别奏效

B. 差异化策略主要适用于竞争对手使用的差异化服务的数目少于有效的差异化服务的数目时

C. 交叉营销策略的立足点主要是争取新客户

D. 大众营销策略的特点是目标大、针对性不强、效果差

【答案】C【解析】交叉营销策略的立足点不是争取新客户，而是留住老客户。故选项 C 说法错误。

【单选题】银行在营销时，应根据自身情况选择适宜的营销策略。对于实力范围狭窄、资源有限的银行来说，选择（　　）可能效果显著。

A. 专业化策略　　　　　　　　　　B. 差异化策略

C. 低成本策略　　　　　　　　　　D. 大众营销策略

【答案】A【解析】当一家银行的实力范围狭窄、资源有限，或是面对强大的竞争对手时，专业化策略可能就是它唯一可行的选择。

真考解读 属于必考点，一般会考 1~2 道题。

二、个人贷款营销渠道（重点掌握）

（一）合作机构营销（最重要）

项目	内容
个人一手房贷款	（1）银行与房地产开发商合作是较为普遍的贷款营销方式，即房地产开发商与贷款银行共同签订商品房销售贷款合作协议，由银

续　表

项目	内容
个人一手房贷款	行向购买该开发商房屋的购房者提供个人购房贷款，借款人用所购房屋做抵押，在借款人购买的房屋没有办好抵押登记手续之前，一般要求由开发商提供阶段性或全程担保。 （2）在与开发商签订协议前，银行要对房地产开发商及其开发项目进行全面审查，具体包括开发商的资信及经营状况、项目开发和销售的合法性、项目自有资金的到位情况、房屋销售前景等。
个人二手房贷款	商业银行最主要的合作机构是房地产经纪公司^{解读2}，在拟与房地产经纪公司建立合作关系之初，应当对其注册资本、经营业绩、行业排名、资产负债和信誉状况等进行充分、必要的审慎调查，经内部审核批准后，方可与其建立个人二手房贷款业务的合作关系。
其他个人贷款	其他个人贷款往往在消费场所或网络购物平台开展营销，典型做法是商业银行与经销商及网络平台签署合作协议，由其向银行提供客户信息或推荐客户，如银行与4S店签订合作协议，为客户提供个人汽车贷款等。

典型真题

【单选题】在一手个人住房交易时，在借款人购买的房屋没有办好抵押登记手续之前，由（　　）提供阶段性或全程担保。

A. 经纪公司　　　　　　B. 借款人

C. 开发商　　　　　　　D. 有担保能力的第三人

【答案】C【解析】在借款人购买的房屋没有办好抵押登记手续之前，一般要求由开发商提供阶段性或全程担保。

（二）网点机构营销^{解读3}

项目	内容
按照客户定位分类	（1）全方位网点机构是指为公司和个人提供各种产品和全面服务的营业网点。 （2）专业性网点机构是指具有细分市场的营业网点，如有的网点侧重于房地产的抵押贷款业务等。

解读2 在合作机构营销中，房地产经纪公司与商业银行之间是代理人与被代理人的关系。

解读3 最常见的银行个人贷款营销渠道主要有合作机构营销、网点机构营销和电子银行营销。

项目	内容
按照客户定位分类	（3）高端化网点机构是指位于适当的经济文化区域中，为高端客户提供一定范围内的金融定制服务的营业网点。 （4）零售型网点机构是指只从事零售业务的营业网点。
"直客式"个人贷款营销模式^{解读5}	（1）概念。"直客式"个人贷款营销模式是指将银行网点和理财中心作为销售和服务的主渠道，银行客户经理按照"了解你的客户，服务熟悉客户"^{解读4}的原则，直接向客户营销，受理客户贷款需求。 （2）特点。 ①一般特点：银行可以通过摆放宣传资料、播放宣传片等方式进行宣传；网点的大堂经理和客户经理可以直接回答客户的问题，受理客户的贷款申请。 ②"直客式"个人住房贷款的特点：客户可以摆脱房地产商指定银行贷款的限制，自主地选择贷款银行；买房时享受一次性付款的优惠、各类费用减免优惠，担保方式更灵活，就近选择办理网点，不受地理区域限制等。 （3）意义。 ①有利于银行全面了解客户需求，服务熟悉的客户，从而有效防止"假按揭"，提高风险防范能力。 ②有利于培育和发展稳定的优质客户群，开展全方位、立体式的业务拓展。

解读4 考生在复习时应当重点掌握标色的知识点，在历次考试中频繁考查这些知识点。

解读5 必考点："直客式"个人贷款营销模式的概念、特点和意义。

典型真题

【单选题】下列关于"直客式"个人贷款营销模式中，说法错误的是（　　）。

A. 银行网点和理财中心作为销售和服务的主渠道，直接向客户营销，受理客户贷款需求

B. 全面了解客户需求，服务熟悉的客户，从而有效防止假个贷

C. 大堂经理和客户经理可以直接回答客户的问题，受理客户的贷款申请

D. 个人住房贷款的特点在于买房时享受一次性付款的优惠、各类费用减免优惠，不受地理区域限制

【答案】B 【解析】"直客式"营销模式有利于银行全面了解客户需求，服务熟悉的客户，从而有效防止"假按揭"。故选项B说法错误。

（三）电子银行营销^{解读6}

项目	内容
特征	（1）电子虚拟服务。输入、输出和传输以电子方式进行。 （2）运行环境开放。 （3）模糊的业务时空界限。 （4）业务实时处理（与传统银行的主要区别），服务效率高。 （5）运营成本低。 （6）严密的安全系统，保证交易安全。
功能^{解读7}	信息服务功能、展示与查询功能、综合业务功能。
营销途径	（1）建立形象统一、功能齐全的商业银行网站、App 及公众号。 （2）利用搜索引擎来提升银行网站的知名度。 （3）利用网络广告开展银行形象、产品和服务的宣传。 （4）利用信息发布和信息收集手段来增强银行的竞争优势。 （5）利用交互链接和广告互换增加银行网站、App 及公众号的访问量。 （6）利用电子邮件推广实施主动营销和客户关系管理。

解读6 必考点：电子银行营销的特征、功能、营销途径。

解读7 对于个人贷款营销而言，电子银行的主要功能就是网上宣传、网上咨询以及初步受理和审查。

典型真题

【单选题】下列选项中，不属于电子银行营销途径的是（   ）。

A. 将信息发送给浏览者，使上网的客户了解更多银行信息

B. 利用信息发布和信息收集手段增强银行的竞争优势

C. 利用电子邮件推广实施主动营销和客户关系管理

D. 建立形象统一、功能齐全的商业银行网站

【答案】A【解析】根据教材知识点可知，选项 A 不符合题意。

【多选题】电子银行的特征有（   ）。

A. 电子虚拟服务

B. 运行环境开放

C. 模糊的业务时空界限

D. 业务实时处理，服务效率高

E. 运营成本高

【答案】ABCD【解析】电子银行的特征主要有：①电子虚拟服务；②运行环境开放；③模糊的业务时空界限；④业务实时处理，服务效率高；⑤运营成本低；⑥严密的安全系统，保证交易安全。故选项 E 不符合题意。

第四节　个人贷款定价管理

一、个人贷款定价的原则（掌握）

原则	内容
风险定价	银行应该利用风险定价技术，使贷款价格充分反映和弥补信贷风险，把风险控制在可接受的范围之内。
参照市场价格	在确定贷款价格时，银行需要考虑其他融资渠道以及竞争对手的利率水平。
成本收益	（1）个人贷款的收益要与资金成本相匹配，保持一定的利差。 （2）个人贷款资金来源主要是中长期存款，贷款利率在相当程度上取决于存款利率。
组合定价	银行在组合资金来源以及信贷产品销售的情况下，可以综合测算组合成本与收益，使其相互匹配，在确保适度利润的基础上定价。
顺经济周期（与宏观经济一致）	银行个人贷款定价对经济周期和宏观经济政策比较敏感，具有顺经济周期性。当宏观经济趋热时，提高个人贷款价格；反之，降低个人贷款价格。

典型真题

【多选题】个人贷款定价应遵从的原则有（　　）。

A. 逆经济周期原则　　　　　　B. 组合定价原则

C. 参照市场价格原则　　　　　D. 风险定价原则

E. 成本收益原则

【答案】BCDE　【解析】贷款定价的原则包括：①成本收益原则；②风险定价原则；③参照市场价格原则；④组合定价原则；⑤顺经济周期原则（与宏观经济一致原则）。

二、个人贷款定价的影响因素（掌握）

影响因素	内容
资金成本	与个人贷款定价呈正相关，即资金成本越高，个人贷款定价就越高；反之，个人贷款定价就越低。

真考解读 属于常考点，一般会考1道题。出题方式可能是考查原则包括哪些，也可能是考查各原则涉及的具体内容。

真考解读 属于常考点，一般会考1道题。

续 表

影响因素	内容
风险	一方面需要考虑产品所面临的信用违约风险、利率风险、期限风险等特定风险，确定产品风险度，另一方面需要考虑借款人风险。
利率政策	（1）利率调整的周期较短或实行浮动利率制，利率风险将基本由借款人承担，为公平合理起见，利率风险加点可相应降低。 （2）利率调整的周期较长或实行固定利率，利率风险将部分或全部转嫁给银行，利率风险加点可相应提高。
盈利目标	在资金成本和风险成本一定的情况下，银行盈利目标越高，信贷产品的定价就越高。
市场竞争 解读1	（1）在产品同质化较强的情况下，如果银行贷款定价高于市场水平，信贷产品的销售就会受到不利的影响；如果贷款定价过低，又会增加银行的风险并对银行利润造成冲击。 （2）银行需要细心考察市场竞争态势、竞争对手的经营定价策略，并以此作为参照确定产品价格。
担保	（1）足额、高质量的担保，可以提高贷款的安全性，降低贷款风险成本，相应地降低贷款利率。 （2）银行在个人贷款定价时，应综合考虑担保的整体费用和收益。
选择性因素	银行赋予客户一些选择性权利（如允许其提前或推迟还款等），选择性权利的赋予与否与贷款定价有关，且其大小与贷款定价呈正相关。

解读1 考生要在理解的基础上记忆这几项影响因素，并能正确判断所给项目属于哪一种影响因素。

典型真题

【单选题】下列属于影响个人贷款定价因素中的市场竞争因素的是（　　）。

A. 选择性因素的存在是因为贷款期限一般较长，期间宏观经济形势、客户情况等都可能发生变化，从而造成不确定性

B. 资金成本越高，个人贷款定价就越高；反之，个人贷款定价就越低。两者呈正相关

C. 在个人贷款定价时，银行应综合考虑担保的整体费用和收益

D. 如果银行贷款定价高于市场水平，信贷产品的销售就会受到不利的影响；如果贷款定价过低，又会增加银行的风险并对银行利润造成冲击

【答案】D【解析】选项 A 属于选择性因素，选项 B 属于资金成本因素，选项 C 属于担保因素，选项 D 属于市场竞争因素。

第五节　个人贷款风险管理

一、风险管理概述（熟悉）

真考解读考查相对较少，考生熟悉即可。

（一）风险与损失

项目	内容
风险	（1）概念。风险是指未来出现收益或损失的不确定性。 （2）是否存在风险的判定。 ①不存在风险：某个事件产生的收益或损失是固定的并已经被事先确定下来。 ②存在风险：某个事件产生的收益或损失存在变化的可能，且这种变化过程事先无法确定。 （3）特点。两面性，既可能给银行带来收益也可能造成损失。 （4）性质。一个明确的事前概念，反映损失发生前的事物发展状态。
损失	（1）性质。一个事后概念，反映风险事件发生后所造成的实际结果。 （2）将风险等同于损失[解读1]的危害。将发生损失之前的风险管理和损失真实发生之后的不良处置相混淆，会削弱风险管理的积极性和主动性，难以真正做到在经营管理过程中将风险关口前移、主动防范和规避风险。

解读1 风险会带来损失，但风险并不等同于损失本身。

（二）商业银行个人贷款业务风险的主要类别

项目	内容
信用风险 （违约风险）	信用风险是指债务人或交易对手未履行合同规定的义务或信用质量发生变化，影响金融产品价值，而给债权人或金融产品持有人造成经济损失的风险。

续 表

项目	内容
操作风险	（1）概念。操作风险^{解读2}是指由不完善或有问题的内部程序、员工、信息科技系统以及外部事件所造成损失的风险。 （2）诱因包括人员因素、内部流程、系统缺陷和外部事件。
市场风险	（1）概念。市场风险是指金融资产价格和商品价格的波动给商业银行表内头寸、表外头寸造成损失的风险。 （2）内容包括利率风险、汇率风险、股票风险和商品风险。
其他风险	如声誉风险、新产品/业务风险、合规与反洗钱风险、国别风险等。

解读2 操作风险包括法律风险，但不包括声誉风险和战略风险。考生不可将后面两种归为操作风险。

典型真题

【多选题】下列属于商业银行个人贷款业务操作风险主要诱因的是（　　）。

A．人员因素　　B．系统缺陷　　C．外部事件

D．内部流程　　E．战略失误

【答案】ABCD【解析】操作风险的诱因可分为人员因素、内部流程、系统缺陷和外部事件四大类别。

（三）风险管理的意义

项目	内容
风险管理的意义	（1）提高资产质量，降低减值准备。 （2）促进合规经营，防范案件发生。 （3）降低非预期损失，减少资本占用，提高经济增加值。 （4）准确把握客户或产品风险，提高定价能力。 （5）支持产品/服务创新，提升市场竞争力。

二、信用风险管理（掌握）

（一）个人客户信用风险的来源与识别

真考解读 属于常考点，一般会考1道题。

项目	内容
个人客户信用风险的来源	（1）个人客户收入水平、财产数量、负债状况以及过去有无信用不良记录等个人信用信息获知不全面。 （2）市场价格波动。 （3）个人征信制度不完善。 （4）宏观经济周期性变化。

项目	内容
个人客户信用风险的识别	（1）客户的还款能力。 ①影响客户还款能力的因素：当前收入、家庭财产状况、负债状况、未来收入稳定性等。 ②识别措施：分析客户是否具备还款能力，主要看收入还贷比是否在银行规定的范围内；分析客户还款能力是否有足够保障，主要通过对借款人基本资料中有关稳定性的内容进行考察，如现居住地稳定性、职业稳定性、家庭稳定性等。 ③实践中，银行把握借款人还款能力存在相当大难度的原因。 第一，国内尚未建立完善的个人财产登记制度与个人税收登记制度，全国性的个人征信系统还有待进一步完善，银行很难从整体上把握借款人的资产与负债状况并做出恰当的信贷决策。 第二，国内失信惩戒制度尚不完善，借款人所在单位、中介机构协助借款人出具包括假收入证明在内的虚假证明文件（如个人收入证明、营业执照等）的现象比较普遍，对主动作假或协助作假的行为尚缺乏有力的惩戒措施。 （2）客户的还款意愿。 ①决定借款人还款意愿的首要因素：借款人的道德品质。 ②识别措施：通过中国人民银行征信中心查询客户征信记录是否良好；通过客户的亲戚、朋友等打听、了解借款人的情况及其是否有"黄赌毒"等不良嗜好；通过面谈对借款人的性格特点进行把握。

典型真题

【多选题】银行把握借款人还款能力风险还存在相当大的难度，主要原因有（　　）。

A. 国内不完善的个人财产登记制度与个人税收登记制度

B. 全国性的个人征信系统还有待进一步完善

C. 银行很难从整体上把握借款人的资产与负债状况并做出恰当的信贷决策

D. 国内失信惩戒制度尚不完善

E. 对主动作假或协助作假的行为尚缺乏有力的惩戒措施

【答案】ABCDE 【解析】根据教材知识点可知，选项A、选项B、选项C、选项D、选项E均符合题意。

（二）信用风险的评估方法^{解读3}

解读3 常考点：专家判断法的特征及其分析法。

方法	内容
专家 判断法	（1）最重要的特征。银行信贷的决策权由银行经过长期训练、具有丰富经验的信贷人员所掌握，并由他们做出是否贷款的决定。 （2）"5C"要素分析法。 ①借款人道德品质（Character）：一种对客户声誉的度量，包括其偿债意愿和偿债历史。 ②能力（Capacity）：借款人财务状况的稳定性，反映了借款人的还款能力，主要根据借款人的收入、资产状况衡量。 ③资本（Capital）：对于个人经营类贷款，资本往往是衡量财务状况的决定性因素。 ④担保（Collateral）：借款人用其资产对所承诺的付款进行的担保，如果发生违约，债权人对于借款人抵押的物品拥有要求权。 ⑤环境（Condition）：是决定信用风险损失的重要因素。宏观经济环境、行业发展趋势等对个人借款人的收入来源和偿债能力会产生直接或间接影响。 （3）缺点。 ①维持这样的专家制度需要相当数量的专业分析人员，随着银行业务量的不断增加，所需要的分析人员会越来越多。 ②实施的效果很不稳定。 ③运用专家判断法对借款人进行信贷分析时，难以确定共同遵循的标准，造成信贷评估的主观性、随意性和不一致性。
信用评分 模型^{解读4}	（1）申请评分。 ①申请评分的决策机制：排除政策决策；硬政策决策；评分阈值和挑选政策决策。 ②申请评分依据的关键信息：评分结果的影响因素，可以分为客户基本信息、客户关系信息和个人征信信息。 <table><tr><th>分类</th><th>内容</th></tr><tr><td>客户基本信息</td><td>客户的基本情况、工作情况、经济收入情况、社会保障情况、其他信用情况等。</td></tr></table>

解读4 信用评分模型内容有一定难度，初级考试中考查较少，考生了解即可。

续　表

方法	内容

续　表

分类	内容
客户关系信息	银行存款类信息（定期存款余额、活期存款余额、证券资金账户使用情况、理财账户使用情况）；银行贷款类信息（个人贷款类信息、信用卡使用情况）；银行综合类信息（黑名单信息、客户贡献度、客户等级）。
个人征信信息	银行信用记录；社会保障数据（如是否参加养老保险等）；各类缴费情况（如水、电、煤气缴费情况等）；其他不良记录（如破产记录、偷逃税记录等）。

③申请评分结果及其应用：风险排序；自动化的审批决策；人工审批贷款参考；信贷政策制定；零售客户风险限额设置。

（2）行为评分。

①行为评分的决策机制：信用卡行为评分和个人贷款行为评分。

②行为评分依据的关键信息：还款与拖欠行为信息（影响最大）；账户使用记录；额度信息。

③行为评分结果及其应用：零售分池；信用卡额度调整；贷后风险监控。

（3）催收评分^{解读5}。

①催收评分应用的模型。

分类	内容
违约概率模型	用于早期逾期的客户，可判断客户最终违约（逾期90天以上）的概率。
损失程度模型	根据客户的历史行为，预测客户未来可能还款金额的多少，可以用于90天以上的已违约客户。
催收响应模型	预测客户对催收方式的响应概率。

②催收评分依据的信息：与行为评分大致相同，一般包括还款与拖欠行为信息、账户使用记录等。

③催收评分在贷款催收中的应用：根据催收评分，按照客户风险进行分类；结合催收评分和余额，从三个维度对客户进行分类；采用多种催收评分进行多维分类；催收策略的优化。

（左栏）信用评分模型

解读5 申请评分卡、行为评分卡和催收评分卡是常见的，也是业内目前应用较为广泛的。

典型真题

【单选题】（　　）的最重要特征就是，银行信贷的决策权由银行经过长期训练、具有丰富经验的信贷人员所掌握，并由他们做出是否贷款的决定。

A. 专家判断法　　B. 模型分析法　　C. 领导决策法　　D. 会议讨论法

【答案】A**【解析】**专家判断法的最重要特征就是，银行信贷的决策权由银行经过长期训练、具有丰富经验的信贷人员所掌握，并由他们做出是否贷款的决定。

【单选题】在专家判断法中，"5C"要素分析法的"5C"是指（　　）。

A. 道德品质、能力、资本、担保、环境

B. 个人要素、资金用途、还款来源、债权保障、前景因素

C. 借款人、借款用途、还款期限、担保物、如何还款

D. 道德品质、资本、担保、合作、环境

【答案】A**【解析】**在专家判断法中，"5C"要素分析法中的"5C"指借款人道德品质、能力、资本、担保、环境。

（三）信用风险监测及报告

项目	内容
客户风险监测	（1）差别管理。授信风险越高的客户，贷后检查次数应越多、频率应越高。 （2）动态管理。客户风险状况变化时，贷后管理的频率、措施及考核的方式进行相应调整。 （3）对风险级别较高[解读6]的客户，在风险监测过程中要求提高关注度，纳入重点关注客户清单管理。
资产组合风险监测	（1）不良资产率指标一般是指不良资产（次级类贷款＋可疑类贷款＋损失类贷款）与信贷资产总额之比。 （2）贷款迁徙率指标的公式。正常及关注类贷款迁徙率＝（期初正常类贷款中转为不良贷款的余额＋关注类贷款转为不良贷款的余额）／（期初正常类贷款余额＋关注类贷款余额）。 （3）不良贷款拨备覆盖率指标是指准备金占不良贷款余额的比例，反映了商业银行对贷款损失的弥补能力和对贷款风险的防范能力。 （4）风险运营效率指标包括审批处理量变动、审批通过率变动、催收成功率变动等。
信用风险报告	商业银行应建立一整套信用风险内部报告体系，确保董事会、高级管理层信用风险主管部门能够监测资产组合信用风险变化情况。

解读6 风险级别较高：如贷款金额超过100万元人民币（或根据当地市场情况设定）的大额贷款客户、一人多贷的客户、曾经有过不良记录的客户、有开发商或经销商垫款的客户等。

解读7 本考点在考试中考查得较少,考生了解即可。

典型真题

【单选题】下列不良资产率公式正确的是（ 　　 ）。

A.（次级类贷款＋可疑类贷款＋损失类贷款）/信贷资产总额

B.（次级类贷款＋可疑类贷款）/信贷资产总额

C.（期初正常类贷款转为不良贷款的余额）/信贷资产总额

D.（期初正常类贷款转为不良贷款的余额＋关注类贷款转为不良贷款的余额）/信贷资产总额

【答案】A【解析】不良资产率是指不良资产（次级类贷款＋可疑类贷款＋损失类贷款）与信贷资产总额之比。

（四）信用风险的控制^{解读7}

控制措施	内容
授信限额管理	（1）客户统一授信管理是指商业银行按照一定标准和程序,对单一客户统一确定授信额度,并加以集中统一控制的信用风险管理制度。 （2）合作机构授信限额管理是指根据合作机构资质状况、财务状况、经营能力等确定合作额度,注意多渠道掌握充分信息,识别担保机构过度担保风险,加强跟踪监督。 （3）区域限额管理是指在一定时期内对某一区域投放的个人信贷产品的规模进行限制。 （4）行业限额管理是指以"有效分散风险"为原则,进行行业投向限额管理,设定合适的行业投向比例,结合贷后管理工作,定期对行业集中度进行监测,对于行业投向过于集中的,及时采取措施,适当压降该行业客户贷款。 （5）产品组合限额管理是指商业银行在一定时期内,应对某类产品实施组合限额管理,尤其是新产品投产初期或基层机构。
利用客群特征优选客户	（1）目标客户群体主要分为6类,即国家和社会管理机构工作人员、私营企业主、高级专业技术人员、中高收入行业从业人员和个体工商户。 （2）重点选择的客户。 ①国家公务员或外资企业的高管及营销人员。 ②就职于优势行业且自身素质较高的年轻人。 ③发展前景较好、信用度高的私营企业主。

续 表

控制措施	内容
利用信用评分工具优选客户	（1）申请评分主要应用于个人贷款发放阶段，是对申请人履行承诺的能力和信誉程度进行全面评价，用于个人贷款申请的决策支持。 （2）行为评分的用途在于反欺诈、贷后风险管理、贷款催收、交叉销售等。
关键业务流程控制	个人贷款业务流程应当结构清晰、职能明确，在业务处理过程中做到关键岗位相互分离、相互制约、相互协调，同时满足业务发展和风险管理的需要。
有效的担保缓释措施	担保措施包括保证、质押、抵押等，个人贷款担保方式应优先选择抵押方式。个人贷款担保缓释措施的选择应结合借款人信用水平、贷款期限、贷款额度、贷款价格综合判断。
违约贷款清收与处置	对个人贷款常用的催收措施包括短信催收、电话催收、上门催收、委外催收、公告催收、司法催收，处置措施包括协议变更或重组、处置抵押物、实现担保物权、以物抵债等。
贷款核销	贷款损失的核销要建立严格的审核、审批制度，核销时银行内部进行账务处理，核销后表内不再进行会计确认和计量，但债权关系仍然存在，须建立贷款核销档案，即"账销案存"，继续保留对贷款的追索权。
不良贷款证券化	资产证券化是指将缺乏流动性但能够产生可预计的未来现金流的资产（如银行贷款），通过一定的结构安排，对资产中的风险与收益要素进行分离、重新组合、打包，进而转换成在金融市场上可以出售并流通的证券的过程。

三、操作风险管理（掌握）

 真考解读 属于常考点，一般会考1道题。

项目	内容
分类	（1）内部欺诈事件是指因故意骗取、盗用财产或违反监管规章、法律或公司政策导致损失的事件。 （2）外部欺诈事件是指第三方故意骗取、盗用、抢劫财产，伪造要件，攻击商业银行信息科技系统或逃避法律监管导致损失的事件。 （3）就业制度和工作场所安全事件是指违反就业、健康或安全等方面的法律或协议，个人工伤赔付或者因歧视及差别待遇导致损失的事件。

项目	内容
分类	（4）客户、产品和业务活动事件是指因未按有关规定操作引起未对特定客户履行应尽的义务或产品设计缺陷导致损失的事件。 （5）实物资产的损坏是指因自然灾害或其他事件导致资产损失的事件。 （6）信息科技系统事件是指因信息科技系统生产运行、安全管理、应用开发等造成系统无法正常办理业务或系统速度异常导致损失的事件。 （7）执行、交割和流程管理事件是指因交易处理或流程管理失败，与交易对手、外部供应商及销售商发生纠纷导致损失的事件。
管理工具	（1）损失数据收集是指银行对因操作风险引起的损失事件收集、报告并管理的工作。 （2）风险与控制自我评估是指银行识别自身经营管理中存在的操作风险，评估固有风险，再通过分析现有控制活动的有效性，评估剩余风险，进而提出控制优化措施的工作。 风险与控制自我评估的原则：全面性、及时性、客观性、前瞻性、重要性。 （3）关键风险指标监测是指代表某一业务领域操作风险变化情况的统计指标，通常包括交易量、员工水平、技能水平、客户满意度、市场变动、产品成熟度、地区数量、变动水平、产品复杂度和自动化水平等。 关键风险指标监测的原则：整体性、重要性、敏感性、可靠性。 （4）情景分析是指银行对业务中潜在的重大操作风险事件进行分析，评估事件发生的可能性和造成的影响，并采取相应的控制措施的方法。 情景分析的原则：全面性、前瞻性、客观性、动态性。
风险控制	（1）加强个人贷款业务集约化管理。 （2）健全规章制度体系和工作机制。 （3）推进操作风险管理工具的应用。 （4）动态优化信息系统。 （5）责任追究，明晰奖惩。 （6）重视内外部审计检查发现问题的整改工作。 （7）提高从业人员专业水平和职业道德。

典型真题

【多选题】商业银行的一级分行拟加强其个人贷款业务操作风险管理，可以从以下（　　）方面着手。

A．健全规章制度体系和工作机制

B．责任追究、明晰奖惩

C．推进操作风险管理工具的应用

D．重视内外部审计检查发现问题的整改工作

E．加强个人贷款业务集约化管理

【答案】ABCDE【解析】以上表述均正确。

四、其他风险管理（熟悉）

（一）市场风险管理

项目	内容
市场风险影响	（1）固定贷款利率。 ①固定贷款利率＜市场平均利率，则银行无平均收益，数量较多时会影响银行资产收益率及资本收益率。 ②固定贷款利率＝银行经营成本，则银行无实际收益，贷款业务对银行无经济意义。 ③固定贷款利率＜银行经营成本，则银行会损失利息甚至本金。 （2）汇率。由于汇率的市场化程度更高，不仅贷款利息会受到影响，而且贷款的本金也会同时受到损失。
主要措施	（1）开展市场风险监测分析。 （2）实施市场风险限额管理。 （3）合理评估市场风险影响程度。 （4）定期执行市场风险监控报告。

（二）声誉风险管理 ^{解读8}

项目	内容
必要性	社会关注度高、客户维权意识增强、新媒体传播能力强。
主要内容	（1）明确银行的战略愿景和价值理念。 （2）有明确的声誉风险管理政策和流程。 （3）理解不同利益相关者（如股东、员工、客户、监管机构、社会公众等）的期望。

真考解读 考查相对较少，考生熟悉即可。

解读8 商业银行管理声誉风险应遵循前瞻性、匹配性、全覆盖、有效性原则。

续　表

项目	内容
主要内容	（4）培养开放、互信、互助的机构文化。 （5）建立强大的、动态的风险管理系统，有能力提供风险事件的早期预警。 （6）努力建设学习型组织，在出现问题时有能力及时纠正。 （7）建立公平的奖惩机制，支持发展目标和股东价值的实现。 （8）利用自身的价值理念、道德规范影响合作伙伴、供应商和客户。 （9）建立公开、诚恳的内外部交流机制，尽量满足不同利益持有者的要求。 （10）定期开展声誉风险隐患排查、声誉风险情景模拟和应急演练。
主要措施	（1）强化声誉风险管理培训。 （2）兑现承诺。 （3）及时处理投诉和批评。 （4）维护大多数利益持有者的期望与商业银行的发展战略相一致。 （5）提高对客户/公众的透明度。 （6）将商业银行的企业社会责任和经营目标相结合。 （7）保持与媒体的良好接触。 （8）制定危机管理规划。

第六节　个人贷款押品管理

真考解读 属于常考点，一般会考1道题。

一、押品管理概述（掌握）

项目	内容
概念	押品管理是指押品的受理、审查、评估、权利设立、监控、返还与处置等一系列活动。
原则 解读1	（1）合法性原则。押品准入、抵（质）押合同订立、登记手续办理、押品处置等活动应符合国家法律法规规定。 （2）有效性原则。选择具有缓释能力、易于变现的押品，充分考虑押品价值与债务人风险的相关性，及时开展押品的评估、抵（质）押权设立、监测和处置，采取有效措施控制化解可能发生的风险隐患。

解读1 常考点：押品管理的原则以及对它们的理解。

续　表

项目	内容
原则	（3）审慎性原则。开展押品价值评估，应充分考虑各种可能的风险因素，保守估计押品价值，审慎确定抵（质）押率。 （4）差别化原则。根据不同类型押品的特点，在准入、审查、价值评估和贷后监控等方面采取不同的政策、标准、方法和要求。 （5）平衡制约原则。完善岗位制衡机制，实现押品的价值评估与审查分离、押品权证的收取与保管分离。
押品的种类	（1）金融质押品包括现金及其等价物、贵金属、债券、票据、股票/基金、保单、保本型理财产品等。 （2）应收账款包括交易类应收账款、应收租金、公路收费权、学校收费权等。 （3）商用房地产和居住用房地产包括商用房地产、居住用房地产、商用建设用地使用权和居住用建设用地使用权、房地产类在建工程等。 （4）其他押品包括流动资产、出口退税账户、机器设备、交通运输设备、资源资产、设施类在建工程、知识产权、采矿权等。
抵押品、质押品的相关规定 解读2	（1）债务人或者第三人有权处分的下列财产可以抵押：①建筑物和其他土地附着物；②建设用地使用权；③海域使用权；④生产设备、原材料、半成品、产品；⑤正在建造的建筑物、船舶、航空器；⑥交通运输工具；⑦法律、行政法规未禁止抵押的其他财产。 （2）下列财产不得抵押：①土地所有权；②宅基地、自留地、自留山等集体所有土地的使用权，但是法律规定可以抵押的除外；③学校、幼儿园、医疗机构等为公益目的成立的非营利法人的教育设施、医疗卫生设施和其他公益设施；④所有权、使用权不明或者有争议的财产；⑤依法被查封、扣押、监管的财产；⑥法律、行政法规规定不得抵押的其他财产。 （3）债务人或者第三人有权处分的下列权利可以出质：①汇票、本票、支票；②债券、存款单；③仓单、提单；④可以转让的基金份额、股权；⑤可以转让的注册商标专用权、专利权、著作权等知识产权中的财产权；⑥现有的以及将有的应收账款；⑦法律、行政法规规定可以出质的其他财产权利。

解读2 常考点：可以抵押或质押的财产或权利。

典 型 真 题

【单选题】开展押品价值评估，应充分考虑各种可能的风险因素，保守估计押品价值，确定抵（质）押率。该项原则属于押品管理的（　　）原则。

A. 平衡制约　　　B. 差别化　　　C. 有效性　　　D. 审慎性

【答案】D【解析】审慎性原则要求，开展押品价值评估，应充分考虑各种可能的风险因素，保守估计押品价值，审慎确定抵（质）押率。

【单选题】下列能做质押担保的权利质押物是（　　）。

A. 邮票　　　B. 发票　　　C. 名人字画　　　D. 应收账款

【答案】D【解析】现有的以及将有的应收账款属于债务人或者第三人有权处分的可出质权利。故选D。

二、押品管理的基本流程（熟悉）

真考解读 考查相对较少，考生熟悉即可。

项目	内容
材料受理	受理债务人提供的拟接受押品资料、抵（质）押人的权属证明等材料。
审查	审查押品的形式要件及抵（质）押权利的合法性、合规性及有效性。
押品价值评估	根据各类押品的特点，综合考虑押品的市场价格、类型、变现难易程度及其他可能影响价值变动的不确定因素，评估押品的价值。
抵（质）押权的设立与变更	与借款人及担保人签订抵（质）押合同并及时办理押品的登记及变更手续。
押品日常管理	抵（质）押权证的保管、出入库以及押品的日常监控等环节。
押品的返还与处置	抵（质）押权证的返还、移交及处置等环节。

典 型 真 题

【单选题】下列押品管理的流程正确的是（　　）。

A. 材料受理、抵（质）押权的设立与变更、押品价值评估、审查、押品日常管理、押品的返还与处置

B. 材料受理、押品价值评估、审查、抵（质）押权的设立与变更、押品日常管理、押品的返还与处置

C. 材料受理、审查、抵（质）押权的设立与变更、押品价值评估、押品日常管理、押品的返还与处置

D. 材料受理、审查、押品价值评估、抵（质）押权的设立与变更、押品日常管理、押品的返还与处置

【答案】D【解析】押品管理的流程包括材料受理、审查、押品价值评估、抵质押权的设立与变更、押品日常管理、押品的返还与处置。

📝 **章节练习**

一、**单选题**（以下各小题所给出的四个选项中，只有一项符合题目要求，请选择相应选项，不选、错选均不得分）

1. 在办理个人汽车贷款业务时，贷款受理人应对借款申请人提交的借款申请书及申请材料进行初审，主要审查借款申请人的主体资格及借款申请人所提交材料的（　　）。

    A. 真实性与规范性　　　　　　　　B. 真实性与完整性

    C. 完整性与规范性　　　　　　　　D. 完整性与合理性

2. 下列关于个人贷款业务中贷款合同的表述，错误的是（　　）。

    A. 贷款发放人应根据审批意见确定应使用的合同文本并填写合同，在签订有关合同文本前，应履行充分告知义务

    B. 对采取抵押担保方式的，抵押物共有人可以不必当面签署个人汽车借款抵押合同

    C. 合同填写必须做到标准、规范、要素齐全、数字正确、字迹清晰、不错漏、不潦草，防止涂改

    D. 贷款金额、贷款期限、贷款利率、担保方式和还款方式等有关条款要与最终审批意见一致

3. 对于贷款发放的条件，下列表述错误的是（　　）。

    A. 对自然人作为保证人的，应明确并落实履行保证责任的具体操作程序；对保证人有保证金要求的，应要求保证人在银行存入一定期限的还本付息额的保证金

    B. 对采取委托扣划还款方式的借款人，要确认其已在银行开立还本付息账户用于归还贷款

    C. 需要办理保险、公证等手续的，有关手续可以在贷款发放之后按约定办理

    D. 对采取抵（质）押的贷款，要落实贷款抵（质）押手续

4. 按照规定，贷款人受托支付是指（　　）。

    A. 贷款人根据借款人的提款申请和支付委托，将贷款资金支付给符合合同约定用途的借款人交易对象

    B. 贷款人根据借款人的提款申请和支付委托，将贷款资金支付给专门成立的托管机构

    C. 贷款人根据借款人的提款申请和支付委托，将贷款资金支付给第三方托管机构

    D. 贷款人根据借款人的提款申请和支付委托，将贷款资金发放至借款人账户，并由借款人支付给符合合同约定用途的借款人交易对象

5. 关于个人贷款还款方式变更，下列说法正确的是（　　）。

   A. 借款人贷款账户中应没有拖欠本息及其他费用

   B. 各种还款方式之间可以随意相互变更

   C. 借款人可在变更还款方式后归还当期贷款本息

   D. 借款人可通过电话或书面方式提出还款方式变更申请

6. 老高因出差在外，未能及时归还贷款本息，这属于贷款形态中的（　　）。

   A. 次级贷款　　　　B. 关注贷款　　　　C. 正常贷款　　　　D. 可疑贷款

7. 在适当的经济文化区域中，为有一定经济基础的客户提供一定范围内的金融定制服务，属于网点机构营销渠道中的（　　）。

   A. 高端化网点机构营销渠道　　　　　　B. 专业化网点机构营销渠道

   C. 零售型网点机构营销渠道　　　　　　D. 全方位网点机构营销渠道

二、**多选题**（以下各小题所给出的五个选项中，有两项或两项以上符合题目的要求，请选择相应选项，多选、少选、错选均不得分）

1. 从银行的利益出发，应当审查每笔个人住房贷款的（　　）。

   A. 完整性　　　　B. 合规性　　　　C. 可行性

   D. 有效性　　　　E. 经济性

2. 个人贷款的贷后管理包括（　　）。

   A. 贷后检查　　　　　　　　　　B. 合同变更

   C. 贷款的回收　　　　　　　　　D. 贷款的风险分类与不良贷款管理

   E. 贷款档案管理

3. 对不同拖欠期限的不良个人贷款，可采取的催收方式有（　　）。

   A. 电话催收　　　　B. 信函催收　　　　C. 上门催收

   D. 律师函催收　　　E. 司法催收

4. 下列关于个人住房贷款贷后档案管理的说法，错误的有（　　）。

   A. 贷款档案必须是原件

   B. 个人住房贷款档案必须独立保管，不得与银行其他档案共用保管场所

   C. 借阅有关贷款的重要档案资料时，必须经过有权人员的审批同意

   D. 借款人还清贷款本息后，银行保存全部档案资料

   E. 领取重要档案材料必须由借款人本人办理，不得委托他人

5. 以下关于个人住房贷款合作单位定位的说法，正确的有（　　）。

   A. 个人一手房贷款，商业银行最主要的合作单位是房地产开发商

   B. 个人二手房贷款，商业银行最主要的合作单位是房地产经纪公司

   C. 商业银行与房地产经纪公司之间是代理人与被代理人的关系

   D. 企业法人情况是银行选择合作伙伴的重要参考因素

   E. 在借款人购买的房屋没有办好抵押登记之前，由开发商提供阶段性或全程担保

6. 从目前情况看，银行最常见的个人贷款营销渠道包括（   ）。

　　A. 上门拜访营销　　　B. 网点机构营销　　　C. 合作机构营销

　　D. 电子银行营销　　　E. 街头拦截营销

7. 市场风险包括（   ）。

　　A. 利率风险　　　　　B. 汇率风险　　　　　C. 违约风险

　　D. 商品风险　　　　　E. 流动性风险

8. 下列关于专家判断法中的"5C"要素分析法的表述中，正确的有（   ）。

　　A. 对于个人经营性贷款，能力往往是衡量财务状况的决定性因素

　　B. 如果发生违约，债权人对于借款人抵押的物品不拥有要求权

　　C. 宏观经济环境、行业发展趋势等对个人借款人的收入来源和偿债能力会产生直接或间接影响

　　D. 环境是决定信用风险损失的一项重要因素

　　E. "5C"指借款人道德品质（Character）、能力（Capacity）、资本（Capital）、担保（Collateral）、环境（Condition）

9. 下列属于押品的种类的有（   ）。

　　A. 应收租金　　　　　B. 出口退税账户　　　C. 贵金属

　　D. 保单　　　　　　　E. 交通运输设备

三、判断题（请对以下各项描述做出判断，正确的为 A，错误的为 B）

1. 个人贷款的收益要与资金成本相匹配，保持一定的利差。个人贷款资金来源主要是中长期存款，贷款利率在相当程度上取决于存款利率。（   ）

　　A. 正确　　　　　　　　　　　　B. 错误

2. 个人贷款定价中，利率调整的周期较短或实行浮动利率制，利率风险将基本由借款人承担，为公平合理起见，利率风险加点可相应提高。（   ）

　　A. 正确　　　　　　　　　　　　B. 错误

3. 授信风险越高的客户，贷后检查次数就应越多、频率应越高。（   ）

　　A. 正确　　　　　　　　　　　　B. 错误

▶ **答案详解**

一、单选题

1. C【解析】在办理个人汽车贷款业务时，贷款受理人应对借款申请人提交的借款申请书及申请材料进行初审，主要审查借款申请人的主体资格及其提交材料的完整性与规范性。

2. B【解析】对采取抵押担保方式的，应要求抵押物共有人在相关合同文本上签字，故选项 B 表述错误。

3. C【解析】贷款发放的条件之一是需要办理保险、公证等手续的，有关手续已经办理完毕。由此可知，有关手续是在贷款发放前办理，而不能在贷款发放之后办理，故选项 C 表述错误。

4. A【解析】贷款人受托支付是指贷款人根据借款人的提款申请和支付委托，将贷款资金支付给符合合同约定用途的借款人交易对象。

5. A【解析】借款人若要变更还款方式，需要满足以下条件：①向银行提交还款方式变更申请书；②借款人的贷款账户中没有拖欠本息及其他费用；③借款人在变更还款方式前应归还当期的贷款本息。故选项A符合题意。

6. C【解析】正常贷款是指借款人一直能正常还本付息，不存在任何影响贷款本息及时、全额偿还的不良因素或借款人未正常还款属偶然性因素造成的。由题干可知，老高因出差在外而未能及时还款，属于偶然性因素造成的，故选项C符合题意。

7. A【解析】高端化网点机构位于适当的经济文化区域中，它们为高端客户提供一定范围内的金融定制服务。

二、多选题

1. BCE【解析】贷款审批人根据银行个人贷款办法及相关规定，结合国家宏观调控政策或行业投向政策，从银行利益出发，审查每笔个人住房贷款业务的合规性、可行性及经济性。

2. ABCDE【解析】个人贷款的贷后管理包括贷后检查、合同变更、贷款的回收、贷款的风险分类与不良贷款管理以及贷款档案管理等工作。

3. ABCDE【解析】根据教材知识点可知，题中选项均符合题意。

4. ABDE【解析】贷款档案可以是原件或者具有法律效力的复印件，故选项A说法错误；银行可根据业务需要和所具备的条件，确定个人住房贷款档案是独立保管还是与银行其他档案共用保管场所，故选项B说法错误；借款人还清贷款本息后，一些档案资料需要退还借款人，故选项D说法错误；领取重要档案材料应由借款人本人办理，并出示身份证原件，借款人委托他人领取的，受托人应出示借款人签发的委托书原件及借款人身份证复印件、受托人本人身份证原件、受托人身份证复印件，故选项E说法错误。

5. ABCDE【解析】根据教材知识点可知，题中选项均正确。

6. BCD【解析】从目前情况看，银行最常见的个人贷款营销渠道主要有合作机构营销、网点机构营销和电子银行营销。

7. ABD【解析】市场风险指金融资产价格和商品价格的波动给商业银行表内头寸、表外头寸造成损失的风险，包括利率风险、汇率风险、股票风险和商品风险。

8. CDE【解析】对于个人经营类贷款，资本往往是衡量财务状况的决定性因素，故选项A表述错误；担保是指借款人用其资产对其所承诺的付款进行的担保，如果发生违约，债权人对于借款人抵押的物品拥有要求权，故选项B表述错误。

9. ABCDE 【解析】根据教材知识点可知，题中选项均符合题意。

三、判断题

1. A【解析】题干表述正确。

2. B【解析】个人贷款定价中，利率调整的周期较短或实行浮动利率制，利率风险将基本由借款人承担，为公平合理起见，利率风险加点可相应降低。

3. A【解析】题干表述正确。

第三章　个人住房贷款

🔍 **应试分析**

本章属于本课程的重点章节之一，主要介绍了个人住房贷款的相关内容，包括基础知识、流程、风险管理以及公积金个人住房贷款。在历次考试中所占的分值较高，约为23分，题型涉及单选题、多选题和判断题。每节都有考查的重点。

🏠 **思维导图**

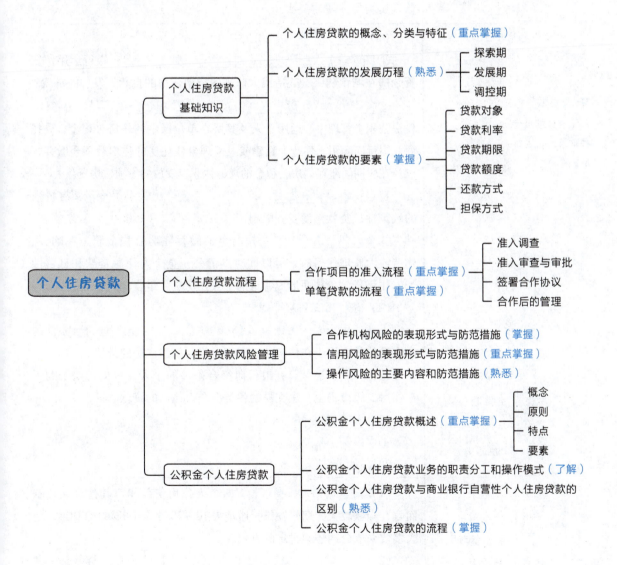

🎓 知识精讲

视频讲解 微信扫描

第一节　个人住房贷款基础知识

一、个人住房贷款的概念、分类与特征（重点掌握）

真考解读 属于必考点，一般会考1~2道题。重点掌握其分类与特征。

项目	内容
概念	个人住房贷款是指银行向自然人发放的，用于购买、建造和大修理各类型住房的贷款。
分类	（1）按资金来源划分。 ①自营性个人住房贷款（商业性个人住房贷款）：银行运用信贷资金向在城镇购买、建造或大修理各类型住房的自然人发放的贷款。 ②公积金个人住房贷款（委托性住房公积金贷款）解读1：由各地住房公积金管理中心运用个人及其所在单位缴纳的住房公积金，委托商业银行向购买、建造、翻建或大修理自住住房的住房公积金缴存人以及在职期间缴存住房公积金的离退休职工发放的专项住房贷款。 特点：不以营利为目的；实行"低进低出"利率政策；有较强的政策性；贷款额度受到限制。 ③个人住房组合贷款：按时足额缴存住房公积金职工在购买、建造或大修理住房时，可以同时申请公积金个人住房贷款和自营性个人住房贷款，从而形成特定的个人住房贷款组合。 （2）按住房交易形态划分。 ①新建房个人住房贷款（个人一手房贷款）：银行向符合条件的个人发放的、用于在住房一级市场上购买新建住房的贷款。 ②个人二手房贷款：银行向符合条件的个人发放的、用于购买在住房二级市场上合法交易的各类型个人住房的贷款。 （3）按贷款利率的确定方式划分。 ①固定利率贷款。 ②浮动利率贷款。
特征	（1）贷款金额大、期限长，即个人住房贷款相对其他个人贷款而言，金额较大，期限较长，通常为10~20年，最长可达30年，绝大多数采取分期还本付息的方式。 （2）大多以抵押为前提建立借贷关系，即个人住房贷款是一种以抵押物的抵押为前提而建立起来的借贷关系。

解读1 公积金个人住房贷款是一种政策性个人住房贷款。

续　表

项目	内容
特征	（3）风险具有系统性特点，即个人住房贷款大多数为房产抵押担保贷款，风险相对较低，但由于大多数个人住房贷款具有类似的贷款模式，系统性风险也相对集中。

典型真题

【单选题】下列关于个人住房贷款分类的说法中，正确的是（　　）。

A. 按照住房交易形态划分，个人住房贷款包括自营性个人住房贷款、公积金个人住房贷款和个人住房组合贷款

B. 按照住房交易形态划分，个人住房贷款可分为个人再交易住房贷款、自营性个人住房贷款和个人住房转让贷款

C. 按照贷款利率的确定方式划分，个人住房贷款可分为固定利率贷款和浮动利率贷款

D. 按照资金来源划分，个人住房贷款包括新建房个人住房贷款、公积金个人住房贷款和个人住房组合贷款

【答案】C【解析】按照资金来源划分，个人住房贷款包括自营性个人住房贷款、公积金个人住房贷款和个人住房组合贷款；按照住房交易形态划分，个人住房贷款可分为新建房个人住房贷款、个人二手房贷款；按照贷款利率的确定方式划分，个人住房贷款可分为固定利率贷款和浮动利率贷款。故选项A、选项B、选项D说法错误。

【单选题】下列关于目前个人住房贷款特征的表述，错误的是（　　）。

A. 实质是一种融资关系

B. 贷款期限长

C. 贷款定价随市场供需情况波动

D. 风险具有系统性特点

【答案】C【解析】个人住房贷款与其他个人贷款相比，具有以下特点：①贷款期限长。②大多以抵押为前提建立借贷关系。③风险具有系统性特点。

【判断题】自然人在农村购买、建造或大修理住房的，可以申请商业性个人贷款。（　　）

A. 正确　　　　　　　　B. 错误

【答案】B【解析】自营性个人住房贷款，也称商业性个人住房贷款，是指银行运用信贷资金向在城镇购买、建造或大修理各类型住房的自然人发放的贷款。

二、个人住房贷款的发展历程（熟悉）

项目	内容
探索期	（1）萌芽。改革开放初期，起源于城市住宅制度的改革。 （2）1980年，全国城市房屋住宅工作会议提出住房商品化的工作设想以及购房分期付款的思路。 （3）1985年，中国建设银行率先开办土地开发和商品房贷款，是国内最早开办住房贷款业务的国有商业银行。 （4）1987年，烟台、蚌埠两市作为首批住房体制改革试点城市，成立了住房储蓄银行，开始发放住房贷款。 （5）1988年起，中国建设银行及中国工商银行相继成立房地产信贷部，专门从事住房信贷业务，承办地方政府委托的住房金融业务，出台住房抵押贷款的相关管理办法，个人住房贷款朝着规模化、制度化方向发展。
发展期^{解读2}	（1）1994年及1995年，中国人民银行先后印发《政策性住房信贷业务管理暂行规定》和《商业银行自营住房贷款管理暂行规定》等文件，确立我国政策性和自营性住房信贷业务并行的信贷体系。 （2）1997年，中国人民银行颁布了《个人住房担保贷款管理试行办法》等一系列关于个人住房贷款的制度办法，标志着国内住房贷款业务的正式全面启动。 （3）1998年，住房制度改革及中国人民银行《个人住房贷款管理办法》的颁布，标志着个人住房贷款真正实现快速发展。
调控期	（1）2003年，房地产市场进入快速发展阶段，关于房地产的宏观调控全面拉开。 （2）2007年起，住房信贷政策成为调控住房市场的重要工具之一。 （3）当前，房地产市场进入局部调控阶段，依据"分类指导，因地施策"原则，在热点城市及地区实施严格的个人住房贷款限贷政策，在房地产去库存压力较大的区域实施较为宽松的个人住房贷款政策。 （4）2020年12月，中国人民银行、中国银行保险监督管理委员会联合发布《关于建立银行业金融机构房地产贷款集中度管理制度的通知》，建立了房地产贷款集中度管理制度，对银行业金融机构房地产贷款、个人住房贷款占全部贷款的比重设置上限要求。

典 型 真 题

【单选题】 个人住房贷款真正的快速发展以（　　）为标志。

A. 1992 年银行部门出台了住房抵押贷款的相关管理办法

B. 1985 年中国建设银行开展住房贷款业务

C. 1995 年《个人住房担保贷款管理试行办法》的颁布

D. 1998 年住房制度改革以及中国人民银行《个人住房贷款管理办法》的颁布

【答案】 D **【解析】** 1998 年住房制度改革及中国人民银行《个人住房贷款管理办法》的颁布，标志着个人住房贷款真正实现快速发展。

三、个人住房贷款的要素（掌握）

项目	内容
贷款对象	（1）对象。具有完全民事行为能力的中华人民共和国公民或符合国家有关规定的境外自然人。 （2）申请人需要满足贷款银行的要求（包括但不限于）。 ①具有合法有效的身份或居留证件。 ②具有稳定的经济收入、良好的信用状况及偿还贷款本息的能力。 ③具有合法有效购买（建造或大修理）住房的合同或协议，具有符合规定的首付款证明材料以及贷款银行要求提供的其他相关证明文件。 ④具有贷款银行认可的抵押或质押资产，或有足够代偿能力的法人、其他经济组织或自然人作为保证人。 ⑤贷款银行规定的其他条件。
贷款利率^{解读3}	（1）商业性个人住房贷款利率以最近 1 个月相应期限的贷款市场报价利率（LPR）为定价基准加点形成。加点数值应符合全国和当地住房信贷政策要求，体现贷款风险状况，合同期限内固定不变。 （2）首套商业性个人住房贷款利率不得低于相应期限贷款市场报价利率，二套商业性个人住房贷款利率不得低于相应期限贷款市场报价利率加 60 个基点。 （3）个人住房贷款的计息、结息和重定价方式，由借贷双方协商确定。其中，采用浮动利率的商业性个人住房贷款，利率重定价周期最短为 1 年。利率重定价日，定价基准调整为最近 1 个月相应期限的贷款市场报价利率。

真考解读 属于常考点，一般会考 1 道题。

解读3 贷款利率的内容为历年常考点，考生务必掌握其涉及的知识点。

续　表

解读4 个人二手房贷款的期限不能超过所购住房的土地使用权的剩余期限。

解读5 针对限购与不限购的城市，贷款首付比例有所不同，考生要注意区分记忆。

项目	内容
贷款期限	（1）个人一手房贷款和二手房贷款的期限^{解读4}，由银行根据实际情况合理确定，最长期限为30年。 （2）自然人的还款期限。男性不超过65周岁（符合条件的，可放宽至70周岁），女性不超过60周岁（符合条件的，可放宽至65周岁）。 （3）借款人已离退休（目前法定退休年龄为男性60周岁，女性55周岁）或即将离退休的，贷款期限不宜过长。
贷款额度	（1）一般规定。个人住房贷款的最低首付款比例为20%。 （2）不实施"限购"措施的城市^{解读5}。 ①居民家庭首次购买普通住房的商业性个人住房贷款：原则上最低首付款比例为25%，各地可向下浮动5个百分点。 ②拥有1套住房并已结清相应购房贷款的居民家庭，为改善居住条件再次申请贷款购买普通商品住房的商业性个人住房贷款：原则上最低首付款比例为25%，各地可向下浮动5个百分点。 ③拥有1套住房且相应购房贷款未结清的居民家庭，为改善居住条件再次申请贷款购买普通住房的商业性个人住房贷款：最低首付款比例为30%。 ④拥有2套及以上住房并已结清相应购房贷款的居民家庭，又申请贷款购买住房：根据借款人偿付能力、信用状况等因素审慎把握并具体确定首付款比例。 （3）实施"限购"措施的城市。 ①居民家庭购买首套普通自住房的商业性个人住房贷款：最低首付款比例为30%。 ②拥有1套住房并已结清相应购房贷款的居民家庭，为改善居住条件再次申请贷款购买普通商品住房的商业性个人住房贷款：最低首付款比例为30%。 ③拥有1套住房且相应购房贷款未结清的居民家庭，为改善居住条件再次申请贷款购买普通自住房的商业性个人住房贷款：最低首付款比例为40%，具体首付款比例由银行业金融机构根据借款人的信用状况和还款能力等合理确定。
还款方式	（1）个人住房贷款可采取多种还款方式进行还款，包括一次性还本付息法、等额本息还款法、等额本金还款法、等比累进还款法、等额累进还款法以及组合还款法等。

续 表

项目	内容
还款方式	（2）贷款期限在 1 年（含）以内：借款人可采取一次性还本付息法，即在贷款到期日前一次性还清贷款本息。 （3）贷款期限在 1 年以上：可采用等额本息还款法和等额本金还款法（这两种方法最常用）等。**解读6**
担保 方式**解读7**	（1）在个人住房贷款业务中，采取的担保方式以抵押担保为主，在未实现抵押登记前，普遍采取抵押加阶段性保证的方式。 （2）阶段性保证人通常是借款人所购住房的开发商或售房单位，且与银行签订了商品房销售贷款合作协议书。 ①在个人一手房贷款中，房屋办妥抵押登记前，一般由开发商承担阶段性保证责任。 ②在个人二手房贷款中，一般由中介机构或担保机构承担阶段性保证责任。 （3）采用抵押担保方式的，抵押的财产必须符合《民法典》的法定条件。抵押物的价值按照抵押物的市场成交价或评估价格确定。银行通常要求借款人以所购住房做抵押，一般规定其贷款额度不得超过抵押物价值的一定比例。 （4）少数情况下，个人住房贷款可采用质押、保证的担保方式。 ①采用质押担保的，质押物须符合《民法典》的法定条件。 ②采用保证担保的，保证人应与贷款银行签订保证合同。 （5）在贷款期间，经贷款银行同意，借款人可根据实际情况变更贷款担保方式。抵押物、质押权利、保证人发生变更的，应与贷款银行重新签订相应的担保合同。

解读6 考生需要注意：一笔借款合同只能选择一种还款方法，合同签订后，未经贷款银行同意，不得更改还款方式。

解读7 保证人为借款人提供的贷款担保为全额连带责任保证，借款人之间、借款人与保证人之间不得相互提供保证。

典型真题

【单选题】下列关于个人住房利率和还款方式的表述，错误的是（　　）。

A. 借款人可以根据需要选择还款方式，一笔借款合同可以选择各种还款方式

B. 个人住房贷款的计息、结息方式，由借贷双方协商确定

C. 个人住房贷款还款方式以等额本息还款法和等额本金还款法最为常用

D. 贷款合同签订后，未经贷款银行同意不得更改还款方式

【答案】A【解析】借款人可以根据需要选择还款方法，但一笔借款合同只能选择一种还款方法，贷款合同签订后，未经贷款银行同意，不得更改还款方式。故选项 A 表述错误。

第二节 个人住房贷款流程

视频讲解
微信扫描

一、合作项目的准入流程（重点掌握）

真考解读 属于必考点，一般会考1~2道题。

项目	内容
准入调查	（1）对开发商资信的调查。 ①房地产开发商资质调查。房地产开发企业按照企业条件分为一、二、三、四共四个资质等级^{解读1}，承担相应的房地产项目。 第一，一级资质的房地产开发企业承担房地产项目的建设规模不受限制，可以在全国范围内承揽房地产开发项目。 第二，二级资质及二级资质以下的房地产开发企业可以承担建筑面积在25万平方米以下的开发建设项目，具体范围由省、自治区、直辖市人民政府建设行政主管部门确定。 ②企业资信等级或信用程度。企业守约或履约的主观愿望与客观能力。 ③企业法人营业执照。主要了解开发商的经营是否合法，确定项目开发、销售是否在企业的经营范围内；了解企业按期纳税的情况等。 ④会计报表。一般包括资产负债表、损益表和财务状况变动表。 ⑤开发商的债权债务和为其他债权人提供担保的情况。 ⑥企业法人代表的个人信用程度和管理层的决策能力。 （2）对项目本身的调查。 ①项目资料的完整性、真实性和有效性调查。即验收、检查开发商提供的项目资料的完整性，提交的项目资料的复印件与原件以及原件所盖印章的真实性，以及根据提交资料上有关部门规定的有效期限，确定项目资料的有效性。 【提示】开发商^{解读2}申请商品房销售贷款项目合作需向银行提供下列资料：商品房销售贷款项目合作申请表；贷款证或贷款卡（附年审记录）；营业执照（副本，附年审记录）；资质等级证书（是经当地建设委员会审查批准，赋予开发资格、准予从事房地产开发经营的凭证，需附年审记录）；国有土地使用权证；建设用地规划许可证；建设工程规划许可证（是经政府工程规划行政主管部门审定，许可建设各类工程的法律凭证）；建筑工程施工许可证；商品房预售许可证（是经房地产管理部门审核准予商品房预售的许可证）；公司合同、章程（有限责任公司和股份有限公司提供）；合作协议书（开发项目由两个以上企业

解读1 各资质等级企业不得越级承担任务。

解读2 在商业银行发放个人住房贷款前，开发商开发的项目必须"五证"齐全。这"五证"是指国有土地使用证、建设用地规划许可证、建设工程规划许可证、建筑工程施工许可证、商品房预售许可证。

续 表

项目	内容
准入调查^{解读3}	进行合作开发经营时提供）；工程竣工验收合格证（现楼提供）；财务报表；贷款银行和当地政府管理部门要求提交的其他资料。 ②项目的合法性调查。包括项目开发的合法性调查和项目销售的合法性调查。 ③项目工程进度调查。 ④项目资金到位情况调查。 （3）对项目的实地考察。 ①检查开发商提供的资料和数据是否与实际一致，是否经过政府部门批准。 ②开发商从事房地产建筑和销售的资格认定，检查项目的工程进度是否达到政府部门规定预售的进度。 ③检查项目的位置是否理想，考察房屋售价是否符合市场价值，同时对项目的销售前景做出理性判断。 （4）撰写调查报告。 ①开发商的企业概况、资信状况。 ②开发商要求合作的项目情况、资金到位情况、工程进度情况、市场销售前景。 ③商品房销售贷款的合作可给银行带来的效益和风险分析，即银行通过与开发商进行商品房销售合作，会对负债业务、资产业务、中间业务等各类业务带来哪些效益和风险。 ④项目合作的可行性结论以及对可提供个人住房贷款的规模、相应年限及贷款成数提出建议。
准入审查与审批	（1）准入审查。 ①开发商及住房楼盘项目资料的完整性、有效性和合规性。 ②开发商及住房楼盘项目是否符合准入条件。 ③项目开发进度是否正常，项目到位资金是否充足。 ④项目销售价格是否合理。 ⑤项目销售前景是否良好。 ⑥是否存在影响后续个人住房贷款安全性的不利因素。 ⑦调查报告内容和结论是否合理。 （2）准入审批。审批人员主要对开发商及住房楼盘项目的合法性、可行性，销售价格的合理性，项目市场前景以及后续贷款合作的安全性等进行综合判断后，进行准入审批。

解读3 必考点：准入调查的相关内容。

项目	内容
签署合作协议	合作项目经审查与审批同意准入的，由银行与开发商签署商品房销售贷款合作协议，约定合作事宜及双方的权利义务，明确贷款阶段性保证担保等重要内容。合作项目签署合作协议后，可正式开展按揭合作，办理单笔个人住房贷款。
合作后的管理	（1）及时了解开发商的工程进度，防止出现"烂尾"工程。 （2）及时了解开发的经营及财务状况是否正常，担保责任的履行能力能否保证。 （3）了解借款人的入住情况及对住房的使用情况等。 （4）借款人早期发生违约行为后，及时通知开发商履行担保责任。 （5）密切注意和掌握房地产市场的动态等。

典型真题

【单选题】在个人住房贷款合作项目准入调查中，不属于对开发商的资信调查的是（　　）。

A. 专业资质等级和资信等级

B. 企业法人营业执照

C. 财务负责人的个人信用情况

D. 会计报表

【答案】C【解析】开发商资信调查具体包括：①房地产开发商资质调查。②企业资信等级或信用程度。③企业法人营业执照。④会计报表。⑤开发商的债权债务和为其他债权人提供担保的情况。⑥企业法人代表的个人信用程度和管理层的决策能力。

【多选题】银行工作人员在对贷款项目的实地考察中，主要检查内容包括（　　）。

A. 工程进度是否达到政府部门规定预售的进度

B. 检查开发商所提供的资料和数据是否与实际一致

C. 考察房屋售价是否符合市场价值

D. 企业资信等级或信用程度

E. 开发商从事房地产建筑和销售的资格认定

【答案】ABCE【解析】选项D属于对开发商资信的调查。

二、单笔贷款的流程（重点掌握）

项目	内容
贷款受理	个人住房贷款的申请资料主要包括以下内容。 （1）合法有效的身份证件^{解读4}。 （2）贷款银行认同的借款人还款能力证明材料（如收入证明材料和有关资产证明等）。 （3）合法有效的购房合同。 （4）涉及抵押担保的，须提供抵押物的权属证明文件及有处分权人同意抵押的书面证明。 （5）涉及保证担保的，须提供保证人出具的同意担保的书面承诺及证明其保证能力的证明资料。 （6）购房首付款证明材料^{解读5}。 （7）银行规定的其他文件和资料。
贷前调查	（1）贷前调查的方式包括审核借款申请材料和与借款人面谈。 （2）贷前调查的内容。 ①个人贷款调查的基本内容（具体参照第二章）。 ②首付款证明。

项目	检查内容
个人一手房贷款	开发商开出的发票或收据、借款申请人支付首付款的银行进账单等。
个人二手房贷款	借款申请人支付首付款的转账凭证，售房人签字确认的首付款收据等。

③借款人还款能力。将借款人住房贷款的月房产支出与收入比控制在 50%（含）以下，月所有债务支出与收入比控制在 55%（含）以下。

④购房合同或协议。

项目	检查内容
个人一手房贷款	◆借款申请人提交的商品房销售合同或协议上的房屋坐落与房地产开发商的商品房销售许可证或售房单位的房地产权证是否一致，审核购房合同的销售登记备案手续是否办妥。

真考解读 属于必考点，一般会考 1~2 道题。

解读4 这里的身份证件包括居民身份证、户口簿、军官证、警官证、文职干部证、港澳居民来往内地通行证、台湾居民来往大陆通行证、居留证件或其他有效身份证件及婚姻状况证明。

解读5 这里的材料包括借款人首付款交款单据（如发票、收据、银行进账单、现金交款单等），首付款尚未支付或者首付款未达到规定比例的，要提供用于购买住房的自筹资金的有关证明。

续　表

项目	内容

续　表

<table>
<tr><td colspan="3">项目</td><td colspan="2">检查内容</td></tr>
</table>

项目	检查内容
个人一手房贷款	◆查验合同签署日期是否明确，所购住房是现房还是期房，交房日期是否明确。 ◆所购住房面积、售价是否明确、合理等。 ◆核对商品房买卖合同中的卖方是否为该房产的所有人，签字人是否为有权签字人或其授权代理人，所盖公章是否真实有效。 ◆商品房买卖合同中的买方是否与借款人姓名一致等。
个人二手房贷款	核查存量房买卖合同上的房屋坐落与售房人房地产权证是否一致，合同中的买方是否与借款人姓名一致，成交价格是否合理等。

⑤担保资料。

项目	检查内容
对开发商提供阶段性保证担保的	开发商的经营情况、信用情况（主要包括履行担保责任情况、履约情况等）、财务状况、高级领导层变动情况、是否卷入纠纷、与银行的合作情况（主要包括是否在银行有房地产开发贷款、过往合作是否顺利等）等。
对住房置业担保公司提供保证担保的	住房置业担保公司的营业期限、实有资本、经营状况、或有负债和是否按贷款银行要求存入足额保证金等，核实其担保能力。

⑥贷款的真实性。借款人家庭拥有住房情况是否符合规定，借款申请人购房行为是否真实。

项目	内容
贷款审查与审批	（1）贷款审查。合规性（借款申请人提交的材料）与完整性（贷前调查人提交的个人住房贷款调查审批表、面谈记录以及贷前调查的内容）解读6。 （2）贷款审批。个人信贷业务报批材料清单、个人住房贷款调查审批表、个人住房贷款借款申请书，以及规定的须提供的其他资料。

解读6 贷款审查人对贷前调查人提交的材料和调查内容的真实性有疑问的，可以重新调查。

续 表

项目	内容
贷款签约与发放	（1）贷款签约。借款合同应符合法律规定，明确约定各方当事人的诚信承诺和贷款资金的用途、支付对象、支付金额、支付条件、支付方式等。 （2）贷款发放。 ①个人住房贷款。重点确认借款人首付款是否已全额支付到位。 ②借款人所购房屋为新建房。确认项目工程进度是否符合中国人民银行规定的有关放款条件。
支付管理	个人住房贷款采用贷款人受托支付方式，由银行直接将贷款支付给售房人。贷款人完成受托支付后，应详细记录资金流向并整理保存相关凭证。
贷后管理	（1）贷后检查。个人住房贷款除参照个人贷款贷后检查内容外，还应对开发商和项目以及合作机构进行检查。具体包括以下几点^{解读7}。 ①开发商的经营状况及账务状况。 ②开发商涉诉情况。 ③项目资金到位及使用情况。 ④项目工程形象进度。 ⑤项目销售情况及资金回笼情况。 ⑥产权证办理的情况。 ⑦履行担保责任的情况。 ⑧开发商履行商品房销售贷款合作协议的情况。 ⑨合作机构的资信情况、经营情况及财务情况等。 ⑩其他可能影响借款人按时、足额还贷的因素。 （2）合同变更。经审批同意变更借款合同主体后，由贷款银行与变更后的借款人及担保人重新签订有关合同文本。新合同借款利率按原合同利率执行。 （3）贷款回收。银行根据借款合同的约定进行贷款的回收。

解读7 考生需要注意：个人一手房贷款检查的要点为第①～⑧项，对其他合作机构还需要检查第⑨～⑩项。考试时要注意题干所问，不要盲目答题。

典型真题

【单选题】关于个人住房贷款流程，下列说法错误的是（　　）。

A. 借款人所购房屋为新建房的，贷款人要确认项目工程进度符合人民银行规定的有关放款条件

B. 个人住房贷款应重点确认借款人首付款是否已全额支付到位

C. 贷款审查人对贷前调查人提交的材料和调查内容的真实性有疑问的，可以重新调查

D. 贷款人采用自主支付的方式对贷款资金的支付进行管理与控制

【答案】D【解析】在个人住房贷款中，贷款人采用贷款人受托支付的方式对贷款资金的支付进行管理与控制。故选项D说法错误。

【单选题】下列不属于个人住房贷款的借款人合法有效身份证件的是（　　）。

A. 军官证　　　　B. 驾驶证　　　　C. 文职干部证　　D. 居民身份证

【答案】B【解析】个人住房贷款中，借款人合法有效的身份证件，包括居民身份证、户口簿、军官证、警官证、文职干部证、港澳居民来往内地通行证、台湾居民来往大陆通行证、居留证件或其他有效身份证件及婚姻状况证明。选项B不包含在内。

第三节　个人住房贷款风险管理

一、合作机构风险的表现形式与防范措施（掌握）

真考解读 属于常考点，一般会考1道题。

项目	内容
表现形式	（1）房地产开发商和中介机构的欺诈风险——假个贷。 ①概念：假个贷是指借款人不具有真实的购房目的，采取各种手段套取银行个人住房贷款的行为。 【提示】这里的"假"包含3种含义：不具有真实的购房目的；虚构购房行为使其具有"真实"的表象；捏造借款人资料或者其他相关资料等。 ②假个贷的普遍路径：房地产开发商将未卖出的楼盘过户给有关联关系的房地产中介公司或个人，房地产中介公司和个人再以购房者的名义以房子为抵押向银行申请个人住房贷款。 ③假个贷的主要成因：开发商利用假个贷恶意套取银行资金进行诈骗；开发商为缓解楼盘销售窘境而通过假个贷获取资金；开发商为获得优惠贷款而实施假个贷；银行的管理漏洞给假个贷以可乘之机等。 ④假个贷的共性特征 解读1：没有特殊原因，滞销楼盘突然热销；没有特殊原因，楼盘售价明显偏高（与周围楼盘相比）；开发企业员工或关联方集中购买同一楼盘，或一人购买多套楼盘；借款人收入证明与年龄、职业明显不相称，在一段时间内集中申请办理贷款；借款人对所购房屋位置、朝向、楼层、户型、交房时间等与所购房屋

解读1 考生需要通过假个贷的共性特征来判定其是否属于假个贷行为。

续　表

项目	内容
表现形式	密切相关的信息不是很了解；借款人首付款非自己交付或实际没有交付；多名借款人还款账户内存款很少，还款日前由同一人或同一单位进行转账或现金支付来还款；开发商或中介机构代借款人统一还款；借款人集体中断还款等。 （2）担保公司的担保风险。"担保放大倍数"过大，即担保公司对外提供担保的余额与自身实收资本的倍数过大，造成过度担保，从而导致无力代偿。 （3）其他合作机构的风险。通过房屋中介机构、评估机构及律师事务所等社会中介机构进行交易，在中介环节可能出现的风险。
防范措施	（1）针对假个贷的防范措施。 ①深入调查分析合作机构资质情况，具体包括以下几方面内容：合作机构领导层素质；合作机构的业界声誉；合作机构的信用记录^{解读2}；合作机构的管理规范程度；企业的经营成果；合作机构的偿债能力。 ②加强一线人员的培训，严把贷款准入关，即一方面要建立一套适合一线经办人员执行的、行之有效的科学制度，另一方面一线经办人员必须严格执行贷款准入条件。在具体的操作上，要注意检查以下几个方面的内容：借款人身份的真实性；借款人信用状况；各类证件的真实性；申报价格的合理性。 ③进一步完善个人住房贷款风险保证金制度。 ④积极利用法律手段，追究当事人刑事责任，加大假个贷的实施成本。 （2）针对其他合作机构的防范措施。 ①深入调查，选择讲信用、重诚信的合作机构。 第一，重点选择具有以下特征的合作机构：企业领导层比较稳定，从业时间长，专业技术高，团队稳定，在社会上有一定的地位；企业和主要领导人在业内具有良好的声誉，取得高等级专业资质；具有良好的信用记录，近期无重大经济纠纷及诉讼；企业组织机构健全，具有较为完善的内部管理规章制度，企业治理结构合理；具有良好的历史经营业绩和较强的盈利能力；具有较强的资金实力和偿债能力。

解读2 以下有助于分析合作机构信用记录：①在建设、工商、税务等国家管理部门及金融机构、司法部门查看合作机构有无不良记录；②合作机构在银行的公司贷款情况；③合作机构与银行开展个人贷款业务有无假个贷；④是否能按照合作协议履行贷款保证责任和相关的义务，有无违约记录等。

项目	内容
防范措施	第二，存在下列情况的，应暂停与相应机构的合作：经营出现明显问题的；有违法违规经营行为的；与银行合作的存量业务出现严重不良贷款的；所进行的合作对银行业务拓展没有明显促进作用的；其他对银行业务发展不利的因素。 ②业务合作中不过分依赖合作机构。 ③严格执行准入/退出制度。 第一，准入前，要切实做好客户基本情况的调查工作。 第二，对已经准入的客户，一旦出现不利于银行的经营情况，个人住房贷款经办人员应及时执行相应的退出政策。 第三，对合作机构进行准入审查时，一般审查的资料包括：营业执照及其他有效证件以及最近的年检证明；公司章程、联营协议、个人合伙企业的合同或协议；法定代表人、负责人或代理人的身份证明及法人委托书；经营单位资格证书；物价部门批准收费的文件；企业法人代码证及最近年度的年检证明；经银行认可的机构审计的近期财务报表。 第四，对具有担保性质的合作机构，准入审查时需要重点考虑：注册资金是否达到一定规模；是否具有一定的信贷担保经验；资信状况是否达到银行规定的要求；是否具备符合担保业务要求的人员配置、业务流程和系统支持；公司及主要经营者是否存在不良信用记录、违法涉案行为等。 ④有效利用保证金制度。 ⑤严格执行回访制度。

典型真题

【单选题】合作机构风险的表现形式不包括（　　）。

A. 房地产开发商和中介机构的欺诈风险

B. 担保公司的担保风险

C. 其他合作机构的风险

D. 借款人违约风险

【答案】D 【解析】合作机构风险的表现形式包括房地产开发商和中介机构的欺诈风险、担保公司的担保风险、其他合作机构的风险。

【单选题】下列不属于假个贷行为的是（　　）。

A. 没有特殊原因，滞销楼盘突然热销

B. 开发企业员工或关联方集中购买同一楼盘

C. 借款人由于公司倒闭终止还款

D. 借款人首付款非自己交付或实际没有交付

【答案】C【解析】假个贷的共性特征：①没有特殊原因，滞销楼盘突然热销；②没有特殊原因，楼盘售价明显偏高（与周围楼盘相比）；③开发企业员工或关联方集中购买同一楼盘，或一人购买多套楼盘；④借款人收入证明与年龄、职业明显不相称，在一段时间内集中申请办理贷款；⑤借款人对所购房屋位置、朝向、楼层、户型、交房时间等与所购房屋密切相关的信息不是很了解；⑥借款人首付款非自己交付或实际没有交付；⑦多名借款人还款账户内存款很少，还款日前由同一人或同一单位进行转账或现金支付来还款；⑧开发商或中介机构代借款人统一还款；⑨借款人集体中断还款等。

二、信用风险的表现形式与防范措施（重点掌握）

真考解读 属于必考点，一般会考1~2道题。

项目	内容
表现形式	（1）还款能力风险。 ①个人住房贷款属于中长期贷款，其还款期限通常为20~30年，个人资信状况在这期间会面临巨大的不确定性，这往往就可能转化为银行的贷款风险。 ②我国目前个人住房贷款中的浮动利率制度，使借款人承担了相当大比例的利率风险，这就导致了借款人在利率上升周期中出现贷款违约的可能性加大。 （2）还款意愿风险，即由借款人对偿还银行贷款的态度引起的风险。
防范措施	（1）加强对借款人还款能力的甄别解读3，措施包括验证借款人的工资收入、租金收入、投资收入和经营收入。 （2）深入了解客户还款意愿。通过检查其以往的账户记录、还款记录以及当前贷款状态，了解老客户的还款意愿；通过职业、家庭、教育、年龄、稳定性等个人背景因素，综合判断新客户的还款意愿。

解读3 防范个人住房贷款违约风险需特别重视把握借款人的还款能力，改变以往"重抵押物、轻还款能力"的贷款审批思路。

典型真题

【单选题】目前我国个人住房贷款中的（   ）制度，使借款人承担了一定的利率风险，导致了借款人在利率上升周期中出现违约的可能性加大。

A. 法定利率　　B. 市场利率　　C. 浮动利率　　D. 固定利率

【答案】C【解析】我国目前个人住房贷款中的浮动利率制度，使借款人承担了相当大比率的利率风险，这就导致了借款人在利率上升周期中出现贷款违约的可能性加大。

【单选题】我国某城市受国内外经济不景气影响，很多企业经营者收益下降或员工收入减少，借款人无力或不愿继续供款，个人住房贷款不良率开始上升，这种风险属于（　　）。

A. 信用风险　　　B. 市场风险　　　C. 操作风险　　　D. 道德风险

【答案】A【解析】个人住房贷款的信用风险通常是因借款人的还款能力和还款意愿的下降而导致的。从信用风险的角度来看，还款能力体现的是个人住房贷款借款人客观的财务状况，即在客观情况下借款人能够按时足额还款的能力。题干中，收入减少的直接影响是还款能力下降，属于信用风险。

【多选题】在信用风险防范措施中，为加强对借款人还款能力的甄别，可从验证借款人的（　　）来审核其收入的真实性。

A. 经营收入　　　B. 租金收入　　　C. 投资收入

D. 偶然收入　　　E. 工资收入

【答案】ABCE【解析】在信用风险防范措施中，为加强对借款人还款能力的甄别，可从验证借款人的工资收入、租金收入、投资收入和经营收入来审核其收入的真实性。

三、操作风险的主要内容和防范措施（熟悉）

真考解读 考查相对较少，考生熟悉即可。

解读4 贷款各流程的风险点在考试中经常会张冠李戴，误导考生，考生在记忆时，一定要正确区分。

项目	内容	
主要内容	（1）贷款流程风险 解读4。	
	流程	风险点
	受理与调查	①贷款受理风险：借款申请人的主体资格是否符合所申请贷款管理办法的规定（是否具有完全民事行为能力、是否具备个人住房贷款资格）；借款申请人提交的资料是否齐全，格式是否符合银行的要求；所有原件和复印件之间是否一致。 ②贷前调查风险：项目调查中的风险；借款人调查中的风险。 【提示】借款人调查中的风险点：对借款申请人所提交资料未按规定核实是否真实、合法、合规；对借款申请人第一还款来源未按规定核实是否稳定、充足；对借款申请人的担保措施未按规定核实是否足额、有效。

续　表

项目	内容

续　表

流程	风险点
审查与审批	①未按独立公正原则审批。 ②不按权限审批贷款，使得贷款超授权发放。 ③审批人员对应审查的内容审查不严，导致向不符合条件的借款人发放贷款。
签约与发放	①合同签订风险：未签订合同或签订无效合同；合同文本中存在不规范行为；未对合同签署人及签字（签章）进行核实。 ②贷款发放风险：个人信贷信息录入是否准确，贷款发放程序是否合规；贷款担保手续是否齐备、有效，抵（质）押物是否办理抵（质）押登记手续；在发放条件不齐全的情况下放款；在资金划拨中的风险点包括会计凭证填制不合要求，未对会计凭证进行审查；未按规定的贷款金额、期限、担保方式、贴息等发放贷款，导致贷款错误核算，发放金额、期限与审批表不一致。
支付管理	①贷款资金发放前，未审核借款人相关交易资料和凭证。 ②未按规定将贷款发放至相应账户。 ③在未接到借款人支付申请、支付委托的情况下，直接将贷款资金支付出去。 ④未详细记录资金流向和归集保存相关凭证。
贷后管理	①贷后管理风险：未建立贷后监控检查制度，未对重点贷款使用情况进行跟踪检查；房屋他项权证办理不及时；逾期贷款催收不及时，不良贷款处置不力，造成贷款损失；未按规定保管借款合同、担保合同等重要贷款档案资料，造成合同损毁，房屋他项权证未按规定进行保管，造成他项权证遗失，他项权利灭失；只关注借款人按月还款情况，在还款正常的情况下，未对其经营情况及抵押物价值、用途等变动情况进行持续跟踪监测。 ②档案管理风险：是否按照要求收集整理贷款档案资料，是否按要求立卷归档；是否对每笔贷款设立专卷，是否按贷款种类、业务发生时间编序，是否核对个人贷款档案清单；重要单证保管是否及时移交会计部门专管，档案资料使用是否实施借阅审批登记制度。

主要内容

项目	内容	
主要内容	(2) 法律与政策风险。	

分类	风险点
借款人主体资格风险	①未成年人能否申请个人住房贷款。 ②外籍自然人能否办理住房贷款。
合同有效性风险	①格式条款的无效、解释以及与非格式条款不一致的风险。 ②未履行法定提示义务的风险。
担保风险	①抵押担保的法律风险：抵押物的合法性及有效性；约定抵押物禁止转让的局限性；抵押登记存在瑕疵。 ②质押担保的法律风险：质押物的合法性；质押无处分权的权利；非为被监护人利益以其所有权利进行质押；质押非法所得、不当得利所得的权利等。 ③保证担保的法律风险：未明确连带责任保证（追索的难度大）解读5；未明确保证期间或保证期间不明；保证人保证资格有瑕疵或缺乏保证能力；借款人互相提供保证无异于发放信用贷款。
诉讼时效风险	经办人员法律知识的缺陷或工作责任心问题，导致未能及时中断诉讼时效或虽有中断诉讼时效行为但没有及时保留中断诉讼时效证据，从而引发的风险。
政策风险	①对境外人士的购房限制。 ②对购房人资格的政策性限制。

项目	内容
防范措施	(1) 提高贷款经办人员职业操守和敬业精神。 (2) 掌握并严格遵守个人住房贷款相关的规章制度和法律法规。 (3) 严格落实贷前调查和贷后检查：建立并严格执行贷款面谈制度；提高贷前调查深度；加强对贷款用途的审查；合理确定贷款额度；加强抵押物管理；完善授权管理；加强贷款合同管理；加强对贷款的发放和支付管理；强化贷后管理。

解读5 未明确连带责任保证，按照《民法典》第686条的规定，当事人在保证合同中对保证方式没有约定或者约定不明确的，按照一般保证承担保证责任，是对担保责任的重大修订。

典 型 真 题

【多选题】 在个人住房贷款业务中，贷款受理和调查中的风险点主要包括（　　）。

A. 借款申请人是否有稳定、合法的收入来源
B. 借款申请人提交的资料是否齐全
C. 项目调查中的风险
D. 借款人调查中的风险
E. 不按权限审批贷款，使得贷款超授权发放的风险

【答案】 ABCD **【解析】** 不按权限审批贷款，使得贷款超授权发放属于贷款审查与审批中的风险，不属于贷款受理与调查中的风险点，故选项 E 不符合题意。

第四节　公积金个人住房贷款

视频讲解　微信扫描

一、公积金个人住房贷款概述（重点掌握）

项目	内容
概念^{解读1}	公积金个人住房贷款又称委托性住房公积金贷款，是指由各地住房公积金管理中心运用个人及其所在单位缴纳的住房公积金，委托商业银行向购买、建造、翻建、大修理自住住房的住房公积金缴存人以及在职期间缴存住房公积金的离退休职工发放的专项住房贷款。
原则	存贷结合、先存后贷、整借零还、贷款担保。
特点^{解读2}	（1）互助性。公积金个人住房贷款的资金来源为单位和个人共同缴存的住房公积金。 　　（2）普遍性。具有完全民事行为能力且正常缴存住房公积金的职工均可申请公积金个人住房贷款。 　　（3）利率低。公积金个人住房贷款的利率相对商业贷款而言较低。 　　（4）期限长。公积金个人住房贷款的最长期限为30年。
要素	（1）贷款对象。具有完全民事行为能力且正常缴存住房公积金的职工。申请公积金个人住房贷款应具备的基本条件如下：

真考解读 属于必考点，一般会考2~3道题。

解读1 必考点：对公积金个人住房贷款概念的记忆与理解。

解读2 必考点：公积金个人住房贷款的4个特点及其理解。

项目	内容
要素	①具有城镇常住户口或有效居留身份。 ②按时足额缴存住房公积金并具有个人住房公积金存款账户。 ③有稳定的经济收入，信用良好，有偿还贷款本息的能力。 ④有合法有效的购买、大修理住房的合同、协议以及贷款银行要求提供的其他证明文件。 ⑤有当地住房公积金管理部门规定的最低额度以上的自筹资金，并保证用于支付所购（大修理）住房的首付款。 ⑥有符合要求的资产进行抵押或质押，或有足够代偿能力的法人、其他经济组织或自然人作为保证人。 ⑦符合当地住房公积金管理部门规定的其他借款条件。 （2）贷款利率。按中国人民银行规定的公积金个人住房贷款利率执行。 （3）贷款期限^{解读3}。最长为 30 年，地方住房公积金管理中心有特殊规定的，按当地住房公积金信贷政策执行。 （4）还款方式。 ①贷款期限在 1 年以内（含 1 年）的，实行到期一次性还本付息法。 ②贷款期限在 1 年以上的，实行等额本息还款法或等额本金还款法，借款人从发放贷款的次月起偿还贷款本息。 （5）担保方式包括抵押、质押、保证^{解读4}。 （6）贷款额度。公积金个人住房贷款最低首付款比例为 20%，实施"限购"的城市按当地住房公积金信贷政策执行。

解读3 贷款期限不得超过法定离退休年龄后 5 年。

解读4 在实践中，常见的保证方式是住房置业担保公司所提供的连带责任担保。

典 型 真 题

【单选题】下列情形中不可以申请公积金个人住房贷款的是（　　）。

A. 装修自住住房　　　　　　B. 购买商品房

C. 建造自住住房　　　　　　D. 翻建自住住房

【答案】A 【解析】根据公积金个人住房贷款的概念可知，选项 A 不符合题意。

【单选题】下列关于公积金个人住房贷款的表述中，错误的是（　　）。

A. 我国只有城镇居民享有公积金个人住房贷款的权利

B. 公积金个人住房贷款的资金来源为单位和个人共同缴存的住房公积金

C. 申请公积金个人住房贷款必须符合住房公积金管理部门有关公积金个人住房贷款的规定

D. 相对商业贷款，公积金个人住房贷款的利率相对较低

【答案】A【解析】具有完全民事行为能力且正常缴存住房公积金的职工均可申请公积金个人住房贷款，故选项 A 表述错误。

二、公积金个人住房贷款业务的职责分工和操作模式（了解）

真考解读 考查较少，考生了解即可。

项目	内容
职责分工	（1）住房公积金管理中心的基本职责包括制定公积金信贷政策、负责信贷审批和承担公积金信贷风险。 （2）承办银行的职责。 ①基本职责：公积金借款合同签约、贷款发放、职工贷款账户设立和计结息以及金融手续操作。 ②可委托代理职责：贷前咨询受理、调查审核、信息录入，贷后审核、催收、查询对账。
操作模式	（1）"银行受理，住房公积金管理中心审核和审批，银行操作"模式。银行受托受理职工公积金借款申请，住房公积金管理中心负责审批，银行负责审核、办理合同签约和贷款发放等具体贷款手续。 （2）"住房公积金管理中心受理、审核和审批，银行操作"模式。住房公积金管理中心受理职工公积金借款申请，审核审批后，由银行办理合同签约、贷款发放等具体贷款手续。 （3）"住房公积金管理中心和承办银行联动"模式。银行受理职工公积金借款申请，通过网络实时将资料、审查结果和审查信息传达给住房公积金管理中心，住房公积金管理中心进行联机审核审批后，将审批意见通过网络发送给银行，银行根据审批意见办理具体贷款手续，将相关账务信息通过网络传送给住房公积金管理中心，与住房公积金管理中心联机记账和对账。

真考解读 考查相对较少，考生熟悉即可。

三、公积金个人住房贷款与商业银行自营性个人住房贷款的区别（熟悉）

项目	公积金个人住房贷款	商业银行自营性个人住房贷款
承担风险的主体	公积金个人住房贷款是一种委托性住房贷款，是国家住房公积金管理部门利用归集的住房公积金，由政府设立的住房置业担保机构提供担保，委托商业银行发放给公积金缴存人的住房贷款。从风险承担的角度上讲，商业银行本身不承担贷款风险。	商业银行利用自有信贷资金发放的住房贷款，商业银行承担贷款风险。
资金来源	公积金管理部门归集的住房公积金。	银行自有的信贷资金。
贷款对象	住房公积金缴存人。	符合商业银行自营性个人住房贷款条件、具有完全民事行为能力的自然人。
贷款利率	公积金个人住房贷款的利率比商业银行自营性个人住房贷款的利率低。	
审批主体	由各地住房公积金管理中心负责审批。	由商业银行自己审批。

典型真题

【多选题】公积金个人住房贷款与商业银行自营性个人住房贷款比较，（　　）不同。

A. 审批主体　　　　　　　　B. 资金来源

C. 贷款对象　　　　　　　　D. 贷款用途

E. 承担风险的主体

【答案】ABCE 【解析】公积金个人住房贷款和商业银行自营性个人住房贷款的主要区别如下：①承担风险的主体不同；②资金来源不同；③贷款对象不同；④贷款利率不同；⑤审批主体不同。

四、公积金个人住房贷款的流程（掌握）

真考解读 属于常考点，一般会考1道题。

流程	要点
受理与调查	（1）受理。银行与住房公积金管理中心签订住房公积金贷款业务委托协议书，取得公积金个人住房贷款业务的承办权之后才能接受委托办理公积金个人住房贷款业务。 （2）调查。根据委托协议，银行对借款人是否符合贷款条件，提供资料是否完整、有效，以及提供的担保是否合法、安全、可靠等进行调查和初审，提出初审意见。审查合格后，签署意见并注明时间报送住房公积金管理中心。
审查与审批	（1）贷前审查 解读5。 ①借款人缴存住房公积金情况，如借款人是否建立住房公积金存款账户，是否按时足额缴存住房公积金，是否欠缴住房公积金等。 ②借款用途，如借款人提供的购买住房合同或协议等。 ③借款内容，如借款人提出的贷款额度、期限等。 ④贷款资信审查，如借款人信用状况及偿还能力、贷款担保情况等。 （2）贷款审批包括登记台账、贷款审批、核对或登记台账。
签约与发放	（1）签约包括合同签约、担保落实、申领和存拨基金。 （2）发放。必须在收到住房公积金管理中心拨付的住房委托贷款基金，办妥所购房屋抵押登记（备案）手续，审核放款资料齐全性、真实性和有效性后发放贷款。
支付管理	公积金个人住房贷款必须采用委托支付的支付管理方式，即贷款资金必须由贷款银行以转账的方式划入售房人账户，不得由借款人提取现金（特殊规定除外）。
贷后管理 解读6	按照住房公积金管理中心委托要求，承办银行定期（按日）将有关住房公积金管理中心的账户记账回单、公积金贷款回收、逾期及结清等资料移交和报送住房公积金管理中心，定期与住房公积金管理中心核对公积金个人住房贷款账务，协助催收贷款，及时结算住房委托贷款手续费。具体的贷后管理职责如下。 （1）贷款检查。按照委托协议，承办银行应定期对公积金贷款的办理情况进行检查。 贷款检查的内容：业务操作的合规性，是否按委托协议要求的工作时限办理贷款业务，贷款账户的催收情况等。

解读5 常考点：贷前审查包含的内容。同时要注意与其他种类贷款进行区分，找出它们的相似与不同之处。

解读6 常考点：贷后管理的职责及其具体内容。

流程	要点
贷后管理	（2）协助催收贷款。承办银行应根据住房公积金管理中心的委托要求，协助住房公积金管理中心对贷款进行催收，及时向住房公积金管理中心报告情况。针对借款人违反合同约定，未及时、足额偿还贷款本息的催收措施如下。

具体情形	催收措施^{解读7}
逾期 90 天以内的	选择短信、电话和信函等方式进行催收。
超过 90 天的	给借款人发出"提前还款通知书"，有权要求借款人提前偿还全部借款，并支付逾期期间的罚息。
在"提前还款通知书"确定的还款期限届满时，仍未履行还款义务的	将就抵押物的处置与借款人达成协议。
逾期 180 天以上，拒不还款的	提起诉讼，对抵押物进行处置；处分抵押物所得价款用于偿还贷款利息、罚金及本金。

解读7 不同情况下，催收措施也有所不同，考生要注意区分，切勿张冠李戴。

（3）对账工作。承办银行应与住房公积金管理中心定期对账，核对住房公积金管理中心划拨基金与银行收到的基金是否一致，银行回收贷款本息金额与住房公积金管理中心收到的回收贷款本息是否一致（与住房公积金管理中心对账）；定期（按月、按季、按年）寄发对账单或电子银行以查询对账的形式与借款人进行账务核对（与借款人对账）。

（4）基金清退和利息划回。承办银行应根据住房公积金管理中心的委托要求和具体规定，按时将回收贷款本金与利息划入住房公积金管理中心指定的结算账户和增值收益账户，及时进行资金清算。

（5）贷款手续费的结算。住房公积金管理中心应定期（每月、每季、每年）按比例将委托贷款手续费划归给承办银行。

（6）担保贷后管理。对已发放贷款，具备抵押登记（含预登记）办理条件后，应及时办理抵押登记手续，并及时修改维护抵押登记信息，处理抵押物账务，并将房屋他项权证移交入库；结清贷款的，对注销的抵押登记相关资料进行核实审查，及时办理抵押登记注销手续和处理相关账务。

（7）贷款数据的报送。承办银行应根据住房公积金管理中心的委托要求和具体规定，按时向住房公积金管理中心报送公积金贷款数据、报表及其他资料，并确保报送资料的真实性、完整性和准确性。

续 表

流程	要点
贷后管理	（8）委托协议终止。住房公积金管理中心与承办银行的委托贷款协议终止时，承办银行应清算住房委托贷款手续费，办理住房公积金管理中心存款账户的销户交易，最后移交和报送住房公积金管理中心账户记账回单及相关业务资料。 （9）档案管理。贷款发放后，经办人员应在一定时间内，对贷款资料进行复查和清理，检查资料的有效性和完整性，对文件材料进行整理，合理编排顺序。

典型真题

【多选题】公积金个人住房贷款贷前审查的内容主要有（   ）。

A. 借款人缴存住房公积金情况　　B. 贷款资信审查

C. 贷款额度　　　　　　　　　　D. 贷款期限

E. 借款用途

【答案】ABCDE【解析】题中选项均属于公积金个人住房贷款贷前审查的内容。

【判断题】承办银行应根据住房公积金管理中心的委托要求和具体规定，按时将应收贷款本金与利息划入住房公积金管理中心指定的结算账户和增值收益账户，及时进行资金清算。（   ）

A. 正确　　　　　　　　　　　　B. 错误

【答案】A【解析】题干表述正确。

章节练习

一、单选题（以下各小题所给出的四个选项中，只有一项符合题目要求，请选择相应选项，不选、错选均不得分）

1. 下列关于个人住房贷款的表述中，错误的是（   ）。

　　A. 公积金个人住房贷款实行"低进低出"的利率政策

　　B. 自营性个人住房贷款也称商业性个人住房贷款

　　C. 个人住房组合贷款不追求营利，是一种政策性贷款

　　D. 个人住房贷款是指银行向自然人发放的用于购买、建造和大修理各类型住房的贷款

2. 个人住房贷款相对其他个人贷款而言，金额较大，期限也较长，通常为（   ）年。

　　A. 10～15　　　　　　　　　　B. 10～20

　　C. 15～20　　　　　　　　　　D. 15～30

3. 1997年，中国人民银行颁布了（   ）等一系列关于个人住房贷款的制度办法，标志着国内

住房贷款业务的正式全面启动。

    A.《个人住房贷款管理办法》　　　　B.《城市房地产抵押管理办法》

    C.《个人住房担保贷款管理试行办法》　D.《住房公积金管理条例》

4. 关于个人住房贷款配套的法律法规中，下列说法与现行规定不符的是（　　）。

    A. 境外个人在境内可以贷款方式购买首套自住房

    B. 未成年人可以贷款方式购买房屋

    C. 未成年人可以现款方式购买房屋

    D. 境外个人在境内可以现款方式购买首套自住房

5. 个人住房贷款审批通过的，经办银行应与借款人、开发商签订个人住房贷款合同，明确各方权利义务，下列不属于贷款合同约定事项的是（　　）。

    A. 贷款支付方式　　　　　　　　　　B. 贷款支付金额

    C. 贷款支付对象　　　　　　　　　　D. 贷款支付日期

6. 下列情形中，银行仍可继续与相应个人住房贷款合作机构开展合作的是（　　）。

    A. 所进行的合作对银行业务拓展没有促进作用

    B. 合作机构有违法违规经营行为

    C. 合作机构经营出现明显问题

    D. 前期与银行合作的存量业务出现少量不良贷款

7. 下列不属于个人住房贷款第一还款来源考量的是（　　）。

    A. 工资收入　　　　　　　　　　　　B. 保证人收入

    C. 租金收入　　　　　　　　　　　　D. 经营收入

8. 在个人住房贷款业务中，贷款审批环节的主要操作风险点不包括（　　）。

    A. 未按独立公正原则审批

    B. 不按权限审批贷款，使得贷款超授权发放

    C. 审批人员对应审查的内容审查不严，导致向不符合条件的借款人发放贷款

    D. 与借款人签订的合同无效

9. 公积金个人住房贷款实行（　　）的原则。

    A. 存贷结合、先存后贷、零借整还和贷款担保

    B. 存贷结合、先存后贷、整借零还和贷款担保

    C. 存贷结合、先贷后存、零借整还和贷款担保

    D. 存贷结合、先贷后存、整借零还和贷款担保

10. 公积金个人住房贷款的特点不包括（　　）。

    A. 互助性　　　　B. 普遍性　　　　C. 利率低　　　　D. 期限短

11. 下列关于公积金个人住房贷款承办银行开展不良贷款催收的表述中，错误的是（　　）。

    A. 承办银行应按照自营性个人住房贷款开展不良贷款催收

    B. 逾期90天以内的，选择短信、电话和信函等方式进行催收

    C. 超过90天的，有权要求借款人提前偿还全部贷款，并支付逾期期间的罚息

    D. 逾期180天以上的，对拒不还款的借款人提起诉讼，对抵押物进行处置

二、**多选题**（以下各小题所给出的五个选项中，有两项或两项以上符合题目的要求，请选择相应选项，多选、少选、错选均不得分）

1. 在个人住房贷款的贷前调查环节，对开发商资信调查的内容包括（　　）。

    A. 房地产开发商资质

    B. 借款申请人偿还能力

    C. 企业法人代表的个人信用程度和管理层的决策能力

    D. 项目资金到位情况

    E. 企业资信等级或信用程度

2. 个人住房贷款的信用风险成因包括（　　）。

    A. 贷款经办人员的违规操作　　　　　　B. 借款人还款能力下降

    C. 借款人还款意愿下降　　　　　　　　D. 房屋价格上升

    E. 市场利率上升

3. 个人住房贷款贷后管理的风险包括（　　）。

    A. 未对重点贷款使用情况进行跟踪检查　　B. 房屋他项权证办理不及时

    C. 逾期贷款催收不及时，造成贷款损失　　D. 未按规定保管借款合同，造成合同损毁

    E. 未对借款人经营情况及抵押物价值、用途等变动情况进行持续跟踪监测

4. 公积金个人住房贷款承办银行应按时将回收贷款本息划入住房公积金管理中心指定的（　　），及时进行资金清算。

    A. 委托贷款基金账户　　　　　　　　　B. 结算账户

    C. 公积金个人账户　　　　　　　　　　D. 增值收益账户

    E. 公积金单位账户

三、**判断题**（请对以下各项描述做出判断，正确的为 A，错误的为 B）

1. 个人住房贷款是以抵押物的抵押为前提而建立起来的一种商品买卖关系。（　　）

    A. 正确　　　　　　　　　　　　　　　B. 错误

2. 在个人住房贷款业务中，采取的担保方式以抵押担保为主，在未实现抵押登记前，普遍采取抵押加阶段性保证的方式。（　　）

    A. 正确　　　　　　　　　　　　　　　B. 错误

3. 在浮动利率制度下，当利率处于下降周期时，个人住房贷款借款人出现违约的可能性将会加大。（　　）

    A. 正确　　　　　　　　　　　　　　　B. 错误

4. 质押担保的法律风险包括对无处分权的权利、非法所得及不当得利所得的权利进行质押等。（　　）

    A. 正确　　　　　　　　　　　　　　　B. 错误

➡️ **答案详解**

一、**单选题**

1. C【解析】按照资金来源划分，个人住房贷款包括自营性个人住房贷款、公积金个人住房贷款和个人住房组合贷款。其中只有公积金个人住房贷款是不以营利为目的的政策性贷款。故选

项 C 表述错误。

2. B【解析】个人住房贷款相对其他个人贷款而言，金额较大，期限较长，通常为 10~20 年。

3. C【解析】1997 年，中国人民银行颁布了《个人住房担保贷款管理试行办法》等一系列关于个人住房贷款的制度办法，标志着国内住房贷款业务的正式全面启动。

4. B【解析】个人住房贷款的对象是具有完全民事行为能力的中华人民共和国公民或符合国家有关规定的境外自然人。未成年人不具有完全民事行为能力。故选项 B 说法与现行规定不符。

5. D【解析】贷款合同应符合法律规定，明确约定各方当事人的诚信承诺和贷款资金的用途、支付对象、支付金额、支付条件、支付方式等。

6. D【解析】存在下列情况，银行应暂停与相应机构的合作：①经营出现明显问题；②有违法违规经营行为的；③与银行合作的存量业务出现严重不良贷款的；④所进行的合作对银行业务拓展没有明显促进作用的；⑤其他对银行业务发展不利的因素。

7. B【解析】个人住房贷款第一还款来源考量的主要有借款人的工资收入、租金收入、投资收入和经营收入。

8. D【解析】在个人住房贷款业务中，贷款审批环节的主要操作风险点：①未按独立公正原则审批；②不按权限审批贷款，使得贷款超授权发放；③审批人员对应审查的内容审查不严，导致向不符合条件的借款人发放贷款。

9. B【解析】公积金个人住房贷款实行"存贷结合、先存后贷、整借零还和贷款担保"的原则。

10. D【解析】公积金个人住房贷款的特点包括互助性、普遍性、利率低、期限长。

11. A【解析】承办银行应根据住房公积金管理中心的委托要求，协助住房公积金管理中心对不良贷款进行催收，及时向住房公积金管理中心报告情况，故选项 A 表述错误。

二、多选题

1. ACE【解析】开发商资信调查的具体内容：①房地产开发商资质调查；②企业资信等级或信用程度；③企业法人营业执照；④会计报表；⑤开发商的债权债务和为其他债权人提供担保的情况；⑥企业法人代表的个人信用程度和管理层的决策能力。

2. BCE【解析】借款人的信用风险主要表现为还款能力风险和还款意愿风险两个方面。故选项 B、选项 C 符合题意。我国目前个人住房贷款中的浮动利率制度，使借款人承担了相当大比率的利率风险，这就导致了借款人在利率上升周期中出现贷款违约的可能性加大。故选项 E 符合题意。

3. ABCDE【解析】题中选项均符合题意。

4. BD【解析】承办银行应根据住房公积金管理中心的委托要求和具体规定，按时将回收贷款本金与利息划入住房公积金管理中心指定的结算账户和增值收益账户，及时进行资金清算。

三、判断题

1. B【解析】个人住房贷款是以抵押物的抵押为前提而建立起来的一种借贷关系。

2. A【解析】在个人住房贷款业务中，采取的担保方式以抵押担保为主，在未实现抵押登记前，普遍采取抵押加阶段性保证的方式。

3. B【解析】我国目前个人住房贷款中的浮动利率制度，使借款人承担了相当大比率的利率风险，这就导致了借款人在利率上升周期中出现贷款违约的可能性加大。

4. A【解析】题干表述正确。

第四章　个人消费类贷款

🔍 **应试分析**

　　本章主要介绍了个人汽车贷款、个人教育贷款的相关内容。在历次考试中所占的分值较高，约为15分，题型涉及单选题、多选题和判断题。考试重点主要集中在个人汽车贷款和个人教育贷款的相关内容上。

🏠 **思维导图**

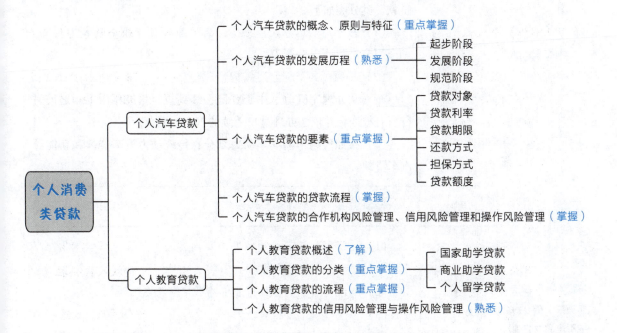

个人消费类贷款
- 个人汽车贷款
  - 个人汽车贷款的概念、原则与特征（重点掌握）
  - 个人汽车贷款的发展历程（熟悉）
    - 起步阶段
    - 发展阶段
    - 规范阶段
  - 个人汽车贷款的要素（重点掌握）
    - 贷款对象
    - 贷款利率
    - 贷款期限
    - 还款方式
    - 担保方式
    - 贷款额度
  - 个人汽车贷款的贷款流程（掌握）
  - 个人汽车贷款的合作机构风险管理、信用风险管理和操作风险管理（掌握）
- 个人教育贷款
  - 个人教育贷款概述（了解）
  - 个人教育贷款的分类（重点掌握）
    - 国家助学贷款
    - 商业助学贷款
    - 个人留学贷款
  - 个人教育贷款的流程（重点掌握）
  - 个人教育贷款的信用风险管理与操作风险管理（熟悉）

微信扫码关注
畅享在线做题

微信扫码关注
获取免费直播课

知识精讲

第一节　个人汽车贷款

视频讲解　微信扫描

真考解读 属于必考点，一般会考1~2道题。

一、个人汽车贷款的概念、原则与特征（重点掌握）

项目	内容
概念	个人汽车贷款是指贷款人向个人借款人发放的用于购买汽车的贷款。其分类如下。 （1）按照所购车辆用途划分：自用车贷款（不以营利为目的）和商用车贷款（以营利为目的）。 （2）按照所购车辆注册登记情况划分：一手车（新车）贷款和二手车（从办理完机动车注册登记手续到规定报废年限1年之前进行所有权变更并依法办理过户手续的汽车）贷款。 （3）按照所购车辆汽车动力划分：传统动力汽车贷款和新能源汽车贷款。
原则	设定担保，分类管理，特定用途。
特征	（1）是汽车金融服务领域的主要内容之一，且在汽车产业和汽车市场发展中占有一席之地。 （2）与汽车市场的多种行业机构具有密切关系解读1。 （3）风险管理难度相对较大。

解读1 银行在汽车贷款业务开展中不是独立作业的，而是需要多方的协调配合。

典型真题

【单选题】关于个人汽车贷款的描述，错误的是（　　）。

A. 个人汽车贷款所购车辆可以划分为自用车和商用车

B. 个人汽车贷款与汽车市场的多种行业机构具有密切关系

C. 个人汽车贷款的风险管理难度相对较大

D. 个人新能源汽车贷款的车型为纯电动汽车和燃料电池汽车

【答案】D【解析】新能源汽车贷款是指用以购买采用新型动力系统、完全或者主要依靠新型能源驱动的汽车而申请的个人贷款，此类汽车包括插电式混合动力（含增程式）汽车、纯电动汽车和燃料电池汽车等。故选项D描述错误。

【多选题】个人汽车贷款所购车辆按注册登记情况可以分为（　　　）。

A. 大卡车、小轿车　　　　　　B. 自用车

C. 新车　　　　　　　　　　　D. 商用车

E. 二手车

【答案】CE【解析】个人汽车贷款所购车辆按注册登记情况可以划分为新车和二手车。个人汽车贷款所购车辆按用途可以划分为自用车和商用车。

二、个人汽车贷款的发展历程（熟悉）

真考解读 考查相对较少，考生熟悉即可。

项目	内容
起步阶段	（1）1993年，国内最初的汽车贷款业务作为促进国内汽车市场发展、支持国内汽车产业的金融手段而出现。 （2）萌芽。1996年，中国建设银行与一汽集团建立长期战略合作伙伴关系，开始了国内商业银行个人汽车贷款业务的尝试。 （3）1998年9月，中国人民银行颁布《汽车消费贷款管理办法（试点办法）》。
发展阶段	（1）自2001年下半年起，国内汽车市场迅速升温。 （2）自2003年起，汽车贷款市场热度有所降温。
规范阶段	（1）2004年8月，中国人民银行与国务院银行业监督管理机构联合颁布了《汽车贷款管理办法》（于2017年10月修订）。其与1998年中国人民银行颁布的《汽车消费贷款管理办法（试点办法）》对比如下。

项目	《汽车贷款管理办法》	《汽车消费贷款管理办法（试点办法）》
贷款人主体范围	在中华人民共和国境内依法设立的、经原中国银行业监督管理委员会及其派出机构批准经营人民币贷款业务的商业银行、农村合作银行、农村信用社及获准经营汽车贷款业务的非银行金融机构。	4家国有商业银行解读2。

解读2 4家国有商业银行分别为中国建设银行、中国农业银行、中国工商银行和中国银行。

项目	内容

项目	《汽车贷款管理办法》	《汽车消费贷款管理办法（试点办法）》
借款人类型	个人、汽车经销商和机构借款人，并首次明确除中国公民以外，在中国境内连续居住 1 年（含）以上的港、澳、台居民以及外国人均可申请。	中国境内有固定住所的中国公民及企业、事业法人单位。
贷款购车的品种	自用车、商用车。	用于"消费"的汽车。
增加项	开放二手车个人汽车贷款业务。	—

规范阶段

　　（2）2016 年，中国人民银行与国务院银行业监督管理机构联合印发了《关于加大对新消费领域金融支持的指导意见》，将新能源汽车作为一个单独品种提出，并大幅降低二手汽车贷款的首付款要求。

　　（3）2017 年，中国人民银行与国务院银行业监督管理机构下发《关于调整汽车贷款有关政策的通知》，进一步区分传统动力汽车和新能源汽车。

　　（4）2018 年 1 月 1 日起，调整个人汽车贷款最高发放比例要求。具体比例如下。

项目	最高发放比例
自用传统动力汽车贷款	80%
自用新能源汽车贷款	85%
商用传统动力汽车贷款	70%
商用新能源汽车贷款	75%
二手车贷款	70%

典型真题

【单选题】（　　）年，中国人民银行颁布了《汽车消费贷款管理办法（试点办法）》。

A. 1980　　　　B. 1985　　　　C. 1995　　　　D. 1998

【答案】D【解析】1998年9月，中国人民银行颁布了《汽车消费贷款管理办法（试点办法）》。

三、个人汽车贷款的要素（重点掌握）

项目	内容
贷款对象	（1）对象。具有完全民事行为能力的中华人民共和国公民或符合国家有关规定的境外自然人。 （2）申请个人汽车贷款需要具备的条件。 ①中华人民共和国公民或在中华人民共和国境内连续居住1年以上（含1年）的港、澳、台居民及外国人。 ②具有有效身份证明、固定和详细住址且具有完全民事行为能力。 ③具有稳定的合法收入或足够偿还贷款本息的个人合法资产。 ④个人信用良好。 ⑤能够支付贷款银行规定的首期付款。 ⑥贷款银行要求的其他条件。
贷款利率	银行会根据客户的风险进行差异化定价，个人汽车贷款利率根据对应期限档次的LPR、客户的风险状况等综合确定。
贷款期限	（1）贷款期限（含展期）。一般不得超过5年；二手车贷款期限不得超过3年。解读3 （2）关于展期。 ①申请条件：借款人按合同约定的计划按时还款，如果确实无法按照计划偿还贷款的。 ②申请时间：须在贷款全部到期前提前30天提出。 ③时间限制：每笔贷款只可展期1次，展期期限不得超过1年，展期之后全部贷款期限不得超过贷款银行规定的最长期限，同时对展期的贷款应重新落实担保。
还款方式	等额本息还款法、等额本金还款法、一次性还本付息法、按月还息任意还本法等。

真考解读 属于必考点，一般会考1~2道题。重点关注贷款对象、贷款期限以及贷款额度的相关内容。

解读3 二手车贷款期限（含展期）与一般个人汽车贷款期限（含展期）不同，考生要注意看清题干所问，切勿盲目答题。

项目	内容
担保方式	质押、以贷款所购车辆做抵押、房地产抵押、第三方保证以及购买个人汽车贷款履约保证保险等。 　　【提示】经银行审查、评估后，确认借款人信用良好，确能偿还贷款的，可以不提供担保。
贷款额度	（1）所购车辆为自用传统动力汽车的，贷款额度不得超过所购汽车价格的80%。 　　（2）所购车辆为商用传统动力汽车的，贷款额度不得超过所购汽车价格的70%。 　　（3）所购车辆为自用新能源汽车的，贷款额度不得超过所购汽车价格的85%。 　　（4）所购车辆为商用新能源汽车的，贷款额度不得超过所购汽车价格的75%。 　　（5）所购车辆为二手车的，贷款额度不得超过所购汽车价格的70%。 　　【提示】新车的价格是指汽车实际成交价格与汽车生产商公布价格中的低者，二手车的价格是指汽车实际成交价格与贷款银行认可的评估价格中的低者。上述成交价格均扣除政府补贴，且不含有各类附加税费及保费等。

典型真题

【单选题】个人汽车贷款的贷款期限（含展期）不得超过（　　）年。

A. 5　　　　　B. 7　　　　　C. 8　　　　　D. 6

【答案】A【解析】个人汽车贷款的贷款期限（含展期）不得超过5年。

【单选题】王某想购买一部售价30万元人民币的某品牌小轿车自驾，但暂时资金周转不及，欲向商业银行贷款买车。请你帮他算一下，最少首付应该缴纳（　　）万元人民币，最大贷款额度为（　　）万元人民币。

A. 9；21　　　B. 6；24　　　C. 12；18　　　D. 15；15

【答案】B【解析】所购车辆为自用传统动力汽车的，贷款额度不得超过所购汽车价格的80%，即24万元人民币。故选项B正确。

【多选题】个人汽车贷款的还款方式包括（　　）。

A. 等额本金还款法　　　　　　B. 按月还息任意还本法

C. 一次性还本付息法　　　　　D. 商业银行允许的其他方式

E. 等额本息还款法

【答案】ABCE【解析】个人汽车贷款的还款方式包括等额本息还款法、等额本金还款法、一次性还本付息法、按月还息任意还本法等多种还款方式，具体方式根据各商业银行的规定来执行。

【判断题】个人汽车贷款的对象为中华人民共和国公民或在中华人民共和国境内连续居住1年以上（含1年）的港、澳、台居民及外国人。（　　）

A．正确　　　　　　　　　　　　B．错误

【答案】A【解析】题干表述正确。

四、个人汽车贷款的贷款流程（掌握）

真考解读 属于常考点，一般会考1道题。

项目	内容
受理与调查	（1）贷款受理。借款申请人以书面形式提出个人汽车贷款借款申请，并按银行要求提交能证明其符合贷款条件的相关申请材料（有共同申请人的，应同时要求共同申请人提交有关申请材料）。 【提示】申请材料如下解读4。 ①合法有效的身份证件（居民身份证、户口簿或其他有效身份证件），借款人已婚的还需要提供配偶的身份证明材料。 ②贷款银行认可的借款人还款能力证明材料（收入证明材料和有关资产证明等）。 ③由汽车经销商出具的购车意向证明或购车合同。 ④以所购车辆抵押以外的方式进行抵押或质押担保的，须提供抵押物或质押权利的权属证明文件和有处分权人（包括财产共有人）同意抵（质）押的书面证明（也可由财产共有人在借款合同、抵押合同上直接签字），以及贷款银行认可部门出具的抵押物估价证明。 ⑤涉及保证担保的，须保证人出具同意提供担保的书面承诺，并提供能证明保证人保证能力的证明材料。 ⑥购车首付款证明材料。 ⑦如借款所购车辆为二手车，还须提供购车意向证明或购车合同、贷款银行认可的评估机构出具的车辆评估报告书、车辆出卖人的车辆产权证明、所交易车辆的机动车辆登记证和车辆年检证明等。 ⑧如借款所购车辆为商用车，还须提供所购车辆可合法用于运营的证明，如车辆挂靠运输车队的挂靠协议和租赁协议等。 ⑨贷款银行要求提供的其他文件、证明和资料。 （2）贷前调查。 ①调查方式：以实地调查为主、间接调查为辅，主要包括审查借款申请材料、与借款申请人面谈、查询个人征信、实地调查和电话调查及委托第三方调查等。

解读4 考生需要熟悉借款申请需要提供的有关材料，尤其是针对二手车与商用车需要另外提供的材料，在考试中容易作为混淆项出现。

续　表

项目	内容
受理与调查	②调查内容^{解读5}。 第一，借款申请人对所购汽车的了解程度、所购买汽车价格与本地区价格是否差异很大、二手车的交易双方是否有关联关系等。 第二，核实借款人收入情况，判断借款人支出情况，了解借款人正常的月均消费支出，以及除购车贷款以外的债务支出情况等，了解和评估借款人的实际还款能力。 第三，了解车辆权属是否清晰、明确。对于商用车，还须了解该车辆是否具备营运资格证、借款人经营企业和车辆年检情况。对于二手车，还须综合评估其折旧情况。
审查与审批	参照第二章个人贷款流程部分。

解读5 此处的调查内容仅为个人汽车贷款须重点调查的，另外还需要调查的内容可参照第二章个人贷款管理部分相应的内容。

（1）贷款签约。对经审批同意的贷款，银行应及时通知借款申请人以及其他相关人（包括抵押人和出质人等），确认签约时间，签署个人汽车贷款借款合同和相关担保合同。

（2）贷款发放。

项目		内容
签约与发放	发放条件	①借款人以质押和房产抵押方式办理个人汽车贷款的，分别按照质押贷款业务流程和房产抵押登记流程办理。 ②借款人以贷款所购车辆做抵押的，须在办理完购车手续后，及时到贷款银行所在地的车辆管理部门办理车辆抵押登记手续，并将相关资料^{解读6}交予贷款银行进行保管。
	发放流程	①出账前审核（真实性、合法性和完整性）。 ②开户放款（确认审核无误后）。贷款银行与借款人签约时，要明确告知在放款时遇 LPR 调整应执行具体放款日当日利率。 ③放款通知。当开户放款完成后，银行应将放款通知书、个人贷款信息卡等一并交借款人做回单。对于借款人未到银行直接办理开户放款手续的，会计部门应及时将有关凭证邮寄给借款人或通知借款人来银行取回。

解读6 这里的相关资料包括购车发票原件、各种缴费凭证原件、机动车登记证原件、行驶证复印件、保险单等。

续　表

项目	内容
支付管理	（1）贷款人受托支付。划款至经销商在贷款银行开立的存款账户。 （2）借款人自主支付。划款至借款人在贷款银行开立的存款账户。
贷后管理	（1）概念。贷后管理是指以借款人、抵（质）押物、保证人等为对象，通过客户提供、访谈、实地检查和行内资源查询等途径获取信息，对影响个人汽车贷款资产质量的因素进行持续跟踪调查、分析，并采取相应补救措施的过程。 （2）目的是对可能影响贷款质量的有关因素进行监控，及早发现预警信号，从而采取相应的预防或补救措施。 （3）主要内容。 ①借款人情况检查。借款人是否按期足额归还贷款；借款人工作单位、收入水平是否发生变化；借款人的住所、联系电话有无变动；有无发生可能影响借款人还款能力或还款意愿的突发事件（如卷入重大经济纠纷、诉讼或仲裁程序，借款人身体状况恶化或突然死亡等）；对于商用车辆应监测借款人经营的实际情况。 ②担保情况检查（主要针对保证人、抵押物及质押物）。保证人的经营状况和财务状况；抵押物的存续状况、使用状况和价值变化情况等；质押权利凭证的时效性和价值变化情况；经销商及其他担保机构的保证金情况；以车辆抵押的，对车辆的使用情况及其车辆保险有效性和车辆实际价值进行检查评估；其他可能影响担保有效性的因素。

典型真题

【多选题】个人贷款的贷前调查是控制贷款风险最重要的环节，贷前调查的方式主要有（　　　）。

A．实地调查　　　　　　　　　B．登记台账

C．审查借款申请材料　　　　　D．电话调查

E．与借款申请人面谈

【答案】ACDE　【解析】贷前调查应以实地调查为主、间接调查为辅，主要包括审查借款申请材料、与借款申请人面谈、查询个人征信、实地调查和电话调查及委托第三方调查等。

真考解读 属于常考点，一般会考1道题。

五、个人汽车贷款的合作机构风险管理、信用风险管理和操作风险管理（掌握）

（一）个人汽车贷款的合作机构风险管理

解读7 考生要在理解的基础上记忆这几项欺诈行为，学会根据相应表述判断属于哪一种欺诈行为，切勿张冠李戴。

项目	要点
内容	（1）汽车经销商的欺诈风险。汽车经销商的欺诈行为主要包括以下几种[解读7]。 **欺诈行为 / 要点** **一车多贷**：汽车经销商同购车人相互勾结，以同一套完全真实的购车资料向多家银行申请贷款。 **甲贷乙用**：实际用款人取得名义借款人的支持，以名义借款人的身份套取购车贷款。情节较轻的，实际用款人基本能以名义借款人的身份还本付息；情节严重的，名义借款人失踪，实际用款人悬空贷款。 **虚报车价**：经销商和借款人互相勾结，采取提高车辆合同价格、签订与实际买卖的汽车型号不相同的购车合同等方式虚报车价，并以该价格向银行申请贷款。 **冒名顶替**：盗用普通客户的身份资料购买汽车并申请银行贷款。 **全部造假**：不法经销商伪造一整套资料（包括身份资料、购车资料、资产证明等）套取银行贷款。 **虚假车行**：不法分子注册成立经销汽车的空壳公司，在无一辆现货汽车可卖的情况下，以无抵押贷款为诱惑，吸引居民办理个人汽车贷款，达到骗贷、骗保的目的。 （2）合作机构的担保风险。 ①保险公司履约保证保险。银行在与保险公司的合作过程中可能存在以下风险。 第一，保险公司依法解除保险合同，贷款银行的债权难以得到保障。 第二，免责条款成为保险公司的"护身符"，贷款银行难以追究保险公司的保险责任。 第三，保证保险的责任限制（仅限于贷款本金和利息）造成风险缺口。

续 表

项目	要点
内容	第四，银保合作协议的效力有待确认，银行降低风险的努力难以达到预期效果。 　　②第三方保证担保，主要包括汽车经销商保证担保和专业担保公司保证担保。这一担保方式存在的主要风险：保证人往往缺乏足够的风险承担能力，在仅提供少量保证金的情况下提供巨额贷款担保，一旦借款人违约，担保公司往往难以承担保证责任，造成风险隐患。
风险防控措施	（1）加强贷前调查，切实核查经销商的资信状况。对新近进入汽车市场的经销商要慎重考察，不能对只有办公场所而没有车场的经销商办理贷款合作业务。 　　（2）按照银行的相关要求，严格控制合作担保机构的准入，确保合作担保机构具有监管部门认可的融资担保业务经营许可证，动态监控合作担保机构的经营管理资质、资金实力、对外担保情况和实际担保能力，及时调整其担保额度。 　　（3）由经销商、专业担保机构担保的贷款，应实时监控担保方是否保持足额的保证金。在担保的借款客户出现欠款时，督促担保方及时向客户进行催收，按合同约定从担保方保证金中扣收欠款，并通知担保方补充保证金。 　　（4）与保险公司的履约保证保险合作，应严格按照有关规定拟订合作协议，约定履约保证保险的办理、出险理赔、免责条款等事项，避免事后因合作协议的无效或漏洞无法理赔，造成贷款损失情况的发生。

（二）个人汽车贷款的信用风险管理

项目	要点
内容	（1）借款人的还款能力风险。 　　（2）借款人的还款意愿风险。 　　（3）借款人的欺诈风险，如恶意欺诈、骗贷和贷款后恶意转移资产的逃废债等。 　　（4）抵押物风险[解读8]，如损毁和消失、担保效力不足等。
风险防控措施	（1）严格审查客户信息资料的真实性。 　　①经办机构应指定专人负责个人汽车贷款的贷前调查工作，贷前调查人应对客户信息资料的真实性负责。

解读8 抵押物损毁和消失或担保效力不足影响的是借款人的第二还款来源，因此从广义上来说抵押物风险也可以归为还款能力风险。

项目	要点
风险防控措施	②坚持与借款人面谈的原则，必须与客户面谈了解信息，不得由保险公司和经销商包办从借款申请到签订合同的全部手续。认真审查借款人购车行为的真实性，严防经销商伪造合同从而虚构借款人购车事实的行为。 （2）详细调查客户的还款能力^{解读9}。 ①了解客户是否具有稳定的收入或合法资产来按期还款，如客户还有其他银行负债，应评价其总负债额在家庭总收入中的比例是否合理。 ②在贷后管理工作中应及时了解客户的经济状况，积极发挥汽车经销商或保险公司在贷后管理方面的作用。 （3）科学合理地确定客户的还款方式。 ①在受理客户申请时，应根据客户现金流状况和贷款风险管理的需要等因素灵活、合理地与客户协商确定还款方式，以确保客户的还款能力和风险可控性。 ②对于贷款期限在1年以上的，原则上应采取等额本金或等额本息还款方式。 ③对于符合贷款条件的客户，如其资金周转存在一定的周期性，在准确把握其还款能力的基础上，也可选择按月还息、按计划表还本的还款方式。 （4）切实做好押品管理。 ①在开展个人汽车贷款业务过程中，加强与经销商和厂商的合作，可要求所抵押车辆安装GPS定位系统，以确保抵押物可追踪定位。 ②加强贷后管理工作，提升贷后押品价值重估频率和准确性。

解读9 还款能力是个人汽车贷款资金安全的根本保证，还款意愿是重要前提。

（三）个人汽车贷款的操作风险管理

项目	要点
内容	（1）借款申请人^{解读10}的主体资格是否符合银行个人汽车贷款管理办法的相关规定。 ①借款申请人是否具有完全民事行为能力。 ②借款申请人是否有稳定、合法的收入来源以及按期偿还本息的能力等。 （2）借款申请人所提交的材料是否真实、合法。 ①借款人、保证人、抵押人和出质人的身份证件是否真实、有效。

解读10 借款人为非中国籍公民，应重点关注是否在我国境内连续居住1年（含）以上。

续 表

项目	要点
内容	②抵（质）押物的权属证明材料是否真实，有无涂改现象。 ③借款人提供的直接划拨账户是否是借款人本人所有的活期存款账户等。 （3）借款申请人的担保措施是否足额、有效。 ①担保物所有权是否合法、真实、有效。 ②担保物共有人或所有人授权情况是否核实。 ③担保物是否容易变现，同区域、同类型担保物价值的市场走势如何。 ④贷款额度是否控制在抵押物价值的规定比例内。 ⑤抵押物是否由贷款银行认可的评估机构评估。 ⑥是否办理车辆抵押登记手续。 ⑦第三方保证人是否具备保证资格和保证能力等。
风险防控措施	（1）掌握个人汽车贷款业务的规章制度，严格按照制度规定开展业务。 （2）完善汽车经销商和银行在贷款管理方面的职责分工。银行应明确约定汽车经销商在贷前调查方面承担的主要职责和义务、相应的违约责任等。 【提示】银行不能将所有贷前调查工作都外包给汽车经销商，必须对借款人的身份、购车和贷款的真实性进行验证，以防范汽车经销商利用虚假信息套取银行资金的行为。 （3）及时办理车辆抵押登记手续，确保抵押权的有效落实。

典型真题

【单选题】汽车经销商同购车人相互勾结，以同一套购车资料向多家银行申请贷款，而这一套购车资料是完全真实的，上述欺诈行为是（   ）。

A. 甲贷乙用　　　　　　　　B. 冒名顶替

C. 一车多贷　　　　　　　　D. 虚假车行

【答案】C【解析】一车多贷是指汽车经销商同购车人相互勾结，以同一套购车资料向多家银行申请贷款，而这一套购车资料是完全真实的。故选项C正确。

【单选题】个人汽车贷款保证保险的责任范围仅限于（   ）。

A. 贷款本金及利息　　　　　B. 损害赔偿金

C. 实现债券的费用　　　　　D. 违约金

【答案】A【解析】保证保险的责任范围仅限于贷款本金和利息，而并非像保证、担保那样包括贷款本金及利息、违约金、损害赔偿金和实现债权的费用等。

【单选题】在个人汽车贷款业务中，关于合作机构风险的防范，下列表述错误的是（　　）。

A. 对新近进入汽车市场的经销商要慎重考察，确定具有办公场所后可办理贷款合作业务

B. 第三方保证担保存在的主要风险在于保证人缺乏足够的风险承担能力

C. 动态监控合作担保机构的经营管理情况、资金实力和担保能力，及时调整其担保额度

D. 在担保的借款客户出现欠款时，可按合同约定从担保方保证金中扣收欠款

【答案】A【解析】对新近进入汽车市场的经销商要慎重考察，不能对只有办公场所而没有车场的经销商办理贷款合作业务，故选项A表述错误。

第二节　个人教育贷款

一、个人教育贷款概述（了解）

真考解读 考查较少，考生了解即可。

项目	内容
概念	个人教育贷款是指银行向在读学生或其直系亲属、法定监护人发放的用于满足其就学资金需求的贷款。
种类	国家助学贷款、商业助学贷款、个人留学贷款等。
发展历程	（1）1999年，中国人民银行、教育部和财政部等有关部门联合下发了开办享受财政贴息的国家助学贷款业务的通知，并首先以中国工商银行为试点在北京、上海、天津、重庆、武汉、沈阳、西安和南京8个城市进行。 （2）2002年2月，中国人民银行、教育部、财政部联合出台了个人教育贷款开办的"四定三考核"政策，即对国家助学贷款业务要定学校、定范围、定额度、定银行，并按月考核经办银行国家助学贷款的申请人数和申请金额、已审批借款人数和贷款合同金额、实际发放贷款人数和发放金额。 （3）2003年8月，中国人民银行出台助学贷款"双20标准"，即国家助学贷款违约率达到20%，且违约学生达到20人的高校，经办银行可以停止对其发放助学贷款。

续 表

项目	内容
发展历程	（4）2004 年年初，中国人民银行、国务院银行业监督管理机构和教育部联合下发了《关于加强和改进国家助学贷款工作的通知》，提出停止执行"双 20 标准"等政策措施。 （5）2020 年，经国务院同意，教育部、财政部、中国人民银行、银保监会联合发布《关于调整完善国家助学贷款有关政策的通知》，对助学贷款年限、利率和还本宽限期进行了调整。
特征	（1）具有社会公益性，政策参与程度较高。 （2）多为信用类贷款，风险度相对较高。

二、个人教育贷款的分类（重点掌握）

（一）国家助学贷款

项目	内容
概念	国家助学贷款是指由政府主导、财政贴息、财政和高校共同给予银行一定风险补偿金，银行、教育行政部门与高校共同操作的，帮助高校家庭经济困难学生支付在校学习期间所需的学费、住宿费的银行贷款。
分类	国家助学贷款有生源地国家助学贷款和校园地国家助学贷款两种。 （1）生源地国家助学贷款。生源地国家助学贷款是商业银行向符合条件的家庭经济困难的普通高校新生和在校生发放的，在学生入学前户籍所在县（市、区）办理的助学贷款。该贷款为信用贷款，学生和家长（或其他法定监护人）为共同借款人，共同承担还款责任。 （2）校园地国家助学贷款。校园地国家助学贷款是商业银行向符合条件的家庭经济困难的普通高校新生和在校生发放的，学生入学后在就读学校办理的助学贷款。校园地国家助学贷款为信用贷款，学生本人为借款人。校园地国家助学贷款采用公开招标的形式确定业务办理银行。每 3 年公开招标一次。
方式	借款人一次申请、贷款银行一次审批、单户核算、分次发放。
原则	实行"财政贴息、风险补偿、信用发放、专款专用和按期偿还"的原则。

真考解读 属于必考点，一般会考 2~3 道题。重点关注国家助学贷款与商业助学贷款。

项目	内容
原则	（1）财政贴息是指国家以承担部分利息的方式，对学生办理国家助学贷款进行补贴。 （2）风险补偿是指根据"风险分担"的原则，按当年实际发放的国家助学贷款金额的一定比例对经办银行给予补偿。 （3）信用发放是指学生不提供任何担保方式办理国家助学贷款。 （4）专款专用是指国家助学贷款仅允许用于支付学费、住宿费和生活费用，不得用于其他方面，银行以分次发放的办法，降低一次发放的金额，予以控制。
要素^{解读1}	（1）贷款对象。中华人民共和国境内的（不含香港特别行政区和澳门特别行政区、台湾地区）普通高等学校中经济确实困难的全日制本专科生（含高职生）、研究生和第二学士学位学生。 【提示】借款人申请国家助学贷款，须具备以下条件。 ①具有中华人民共和国国籍，并持有合法、有效的身份证件。 ②家庭经济确实困难，无法支付正常完成学业所需的基本费用（包括学费、住宿费）。 ③具有完全民事行为能力（未成年人申请国家助学贷款须由其法定监护人书面同意）。 ④学习刻苦，能够正常完成学业。 ⑤诚实守信，遵纪守法，无违法违纪行为。 ⑥贷款银行规定的其他条件。 （2）贷款利率。国家助学贷款利率按照同期同档次 LPR 减 30 个基点执行。 （3）贷款期限。学制加 15 年，最长不超过 22 年。 （4）还款方式包括等额本金还款法和等额本息还款法。 学生在校期间的贷款利息全部由财政补贴，贷款本金由学生本人在毕业后自行偿还。学生毕业后与经办银行确认还款计划时，可以选择使用还本宽限期^{解读2}。还本宽限期内学生只偿还贷款利息，不偿还贷款本金。 （5）担保方式是信用贷款的方式。 （6）贷款额度。全日制普通本专科生（含第二学士学位学生、高职生、预科生，下同）每人每年申请贷款额度不超过 12000 元；全日制研究生每人每年申请贷款额度不超过 16000 元。

解读1 必考点：国家助学贷款各要素涉及的内容。

解读2 还本宽限期最长为 5 年。

典型真题

【单选题】学生在校期间，国家助学贷款的贷款利息由财政（　　），贷款本金由学生本人在（　　）自行偿还。

A．全额补贴，毕业后　　　　　　B．部分补贴，毕业后
C．部分补贴，提款后　　　　　　D．全额补贴，提款后

【答案】A【解析】对于国家助学贷款，学生在校期间的贷款利息全部由财政补贴，贷款本金由学生本人在毕业后自行偿还。

（二）商业助学贷款^{解读3}

项目	内容
概念	商业助学贷款是指银行按商业原则自主向借款人或其直系亲属、法定监护人发放的用于满足其就学资金需求的商业贷款。
原则	部分自筹、有效担保、专款专用和按期偿还。
特征	财政不贴息，各商业银行、城市信用社和农村信用社等金融机构均可开办。
要素	（1）贷款对象。在境内高等院校就读的全日制本专科生、研究生和第二学士学位学生。 【提示】借款人申请商业助学贷款，须具备以下条件^{解读4}。 ①具有中华人民共和国国籍，具有完全民事行为能力，并持有合法身份证件。 ②无重大不良信用记录，不良信用等行为评价标准由贷款银行制定。 ③必要时须提供有效的担保。 ④必要时须提供其法定代理人同意申请贷款的书面意见。 ⑤贷款银行要求的其他条件。 （2）贷款利率。商业助学贷款的利率以同期同档次LPR为基础，根据各行的成本、盈利目标、业务风险权重等综合考虑。借款人可申请利息本金化，即在校年限内的贷款利息按年计入次年度借款本金。 （3）贷款期限。原则上为借款人在校学制年限^{解读5}加6年，部分情况可相应延长，但须经贷款银行许可。 （4）还款方式。可以按月、按季或按年分次偿还，利随本清，也可以在贷款到期时一次性偿还。

解读3 必考点：商业助学贷款的相关内容。考生要注意从原则、特征以及要素等各方面与国家助学贷款进行区分，切勿混淆。

解读4 借款人申请国家助学贷款和商业助学贷款，都须具备的条件：①具有中华人民共和国国籍，并持有合法身份证件；②贷款银行规定的其他条件。

解读5 借款人在校学制年限是指从贷款发放至借款人毕业或终止学业的时间。

续 表

项目	内容
要素	（5）担保方式。抵押、质押、保证或其组合，贷款银行也可要求借款人投保相关保险。 ①以抵押方式申请商业助学贷款的，借款人提供的抵押物，应当符合《民法典》的规定，并按规定办理相应登记手续。抵押期间，未经贷款银行同意，抵押人不得转移、变卖或重复抵押已被抵押的财产。 【提示】以资产做抵押的，借款人应根据贷款银行的要求办理抵押物保险，保险期不得短于借款期限。 ②以质押方式申请商业助学贷款的，须办理质押物或其权利凭证转移占有手续及相关出质登记。质押期间，未经质权人同意，不得以任何理由挂失质押的有价证券。 ③以第三方保证方式申请商业助学贷款的，保证人和贷款银行之间应签订保证合同，第三方提供的保证为不可撤销的连带责任保证。保证人应当具备品质良好、收入来源合法稳定及与借款人同城户籍等条件，原则上不允许同学之间互保。 （6）贷款额度。不超过借款人在校年限内所在学校的学费、住宿费和基本生活费。学费应按照学校的学费支付期逐笔发放，住宿费、生活费可按学费支付期发放或分列发放。

典型真题

【单选题】下列各项中不属于商业助学贷款对象的是（   ）。

A. 全日制第二学士学位学生　　　B. 全日制研究生

C. 在职博士生　　　　　　　　　D. 全日制本专科生

【答案】C【解析】商业助学贷款的贷款对象是在境内高等院校就读的全日制本专科生、研究生和第二学士学位学生。

【多选题】下列关于商业助学贷款担保方式的说法，正确的有（   ）。

A. 可以采用抵押、质押、保证或其组合，或借款人投保相关保险

B. 以资产做抵押的，借款人应根据贷款银行的要求办理抵押物保险

C. 以质押方式申请商业助学贷款的须办理质押物或其权利凭证转移占有手续及相关出质登记

D. 保证人应具备品质良好、收入来源合法稳定等条件

E. 因为同学之间互相了解情况，贷款银行应允许同学之间互保

【答案】ABCD【解析】对于采用保证方式的，保证人应具备品质良好、收入来源合法稳定及与借款人同城户籍等条件，原则上不允许同学之间互保，故选项E说法错误。

（三）个人留学贷款[解读6]

项目	内容
概念	个人留学贷款是指银行向个人发放的用于支付出国留学所需学杂费、生活费或留学保证金的个人贷款。
要素	（1）贷款对象。拟留学人员或其直系亲属、配偶、法定监护人。借款人申请出国留学贷款，须具备贷款银行要求的下列条件。 ①年满18周岁的具有完全民事行为能力的中华人民共和国公民。 ②贷款到期日时的实际年龄不得超过55周岁。 ③应具有可控制区域内的常住户口或其他有效居住身份，有固定住所、稳定职业和收入来源。 ④借款用途为出国留学教育消费。 ⑤借款人信用良好，有按期偿还贷款本息的能力。 ⑥应持有拟留学人员的国外留学学校的入学通知书或其他有效入学证明和已办妥拟留学人员留学学校所在国入境签证的护照。 ⑦贷款银行要求的其他条件。 （2）贷款利率。个人留学贷款利率以同期同档次LPR为基础，根据各行的成本、盈利目标、业务风险权重等综合考虑。 （3）贷款期限。最短为6个月，一般为1~6年，最长不超过10年。 （4）还款方式[解读7]。贷款期限为1年（含1年）以内的，到期时一次性还本付息，利随本清；贷款期限为1年以上的，采用借款人与贷款银行约定的还款方式偿还贷款。 （5）担保方式。具体包括抵押、质押和保证等。 （6）贷款额度。最低不少于1万元人民币，最高不得超过借款人学杂费和生活费的80%。

典型真题

【单选题】关于个人留学贷款，下列说法错误的是（　　）。

A. 借款人应持有留学人员的国外留学学校的入学通知书或其他有效入学证明

B. 贷出人民币和外汇贷款还款时均需偿还人民币

C. 个人留学贷款利率以同期同档次LPR为基础，根据贷款银行的成本、盈利目标、业务风险权重等综合确定

D. 申请个人留学贷款，借款人需提供一定的担保措施

【答案】B【解析】贷款的偿还遵循"贷人民币还人民币"和"贷外汇还外汇"的原则。故选项B说法错误。

解读6 本考点在考试中考查不多，一般会出综合类的考题，考生熟悉相关内容即可。

解读7 贷款的偿还遵循"贷人民币还人民币"和"贷外汇还外汇"的原则。

真考解读属于必考点，一般会考1~2道题。

三、个人教育贷款的流程（重点掌握）

（一）国家助学贷款的流程

解读8 常考点：借款申请人申请国家助学贷款应当提供的材料。

流程	内容
受理与调查	（1）受理。借款人向学校国家助学贷款经办机构（以下简称学校机构）提出申请，学校机构初审，银行受理并上报审核。申请人须提供以下材料^{解读8}。 ①借款人有效身份证件的原件和复印件。 ②借款人学生证或入学通知书的原件和复印件。 ③经本人填写并签字确认的家庭经济困难学生认定申请表。 ④未成年人须提供法定监护人的有效身份证明及书面同意申请贷款的声明。 ⑤贷款银行要求的其他材料。 （2）调查。学校机构对学生提交的国家助学贷款申请材料进行资格审查，对其完整性、真实性和合法性负责。
审查与审批	（1）贷款的审查。经办行在收到学校提交的信息表和申请材料后，由贷款审查人负责对学校提交的信息表和申请材料进行合规性、真实性和完整性审查。 （2）贷款的审批。贷款人应根据审慎性原则，完善授权管理制度，规范审批操作流程，明确贷款审批权限，实行审贷分离和授权审批，确保贷款审批人按照授权独立审批贷款。 【提示】贷款审批人审查的内容如下。 ①贷款申请审批表和贫困证明等内容。 ②每个申请学生每学年贷款金额是否超过限额。 ③其他需要审查的事项。
签约与发放	（1）贷款的签约。对经审批同意的贷款，高校会收到经办银行的"国家助学贷款学生审查合格名册"。贷款发放人根据贷款审批意见确定应使用的合同文本并填写合同。 （2）贷款的发放。 ①借款合同生效后，贷款发放人应按合同约定及时发放贷款。 ②国家助学贷款实行借款人一次申请、贷款银行一次审批、单户核算、分次发放的方式。

续 表

流程	内容
签约与发放	③学费和住宿费贷款按学年（期）发放，直接划入借款人所在学校在贷款银行开立的账户上。 ④贷款发放后，业务部门应依据借款人相关信息建立"贷款台账"，并随时更新台账数据。
支付管理	对于学费和住宿费贷款，银行应当采用贷款人受托支付方式向借款人交易对象（借款人所在学校）支付，按学年（期）发放，直接划入借款人所在学校在贷款银行开立的账户上。
贷后管理解读9	（1）贴息管理。 ①借款人在读期间贴息还款。借款人在校学习期间，国家助学贷款所发生的全部利息由财政安排专项贴息资金给予补贴，由教育部全国学生资助管理中心或各地方资助管理中心按季度支付。 ②其他特殊情形贴息还款。借款人如继续攻读学位，可向原所在高校提出继续贴息申请。借款人在校期间因不可抗力等原因休学的，经高校审批同意后，可向在读学校申请休学贴息。 经办银行在发放贷款后，于每季度结束后的 10 个工作日内，汇总已发放的国家助学贷款学生名单、贷款金额、利率、利息，经合作高校确认后上报总行。 全国学生资助管理中心在收到各贷款银行总行提供的贴息申请资料后的 10 个工作日内，将贷款贴息统一划入总行国家助学贷款贴息专户，由总行直接划入各经办行贴息专户。 （2）风险补偿金管理。 ①经办银行在每年 9 月月底前，将上一学年（上年 9 月 1 日至当年 8 月 31 日）实际发放的国家助学贷款金额和违约率按各高校进行统计汇总，并经合作高校确认后填制"中央部门所属高校国家助学贷款实际发放汇总表"上报总行，由总行提交全国学生资助管理中心。 ②全国学生资助管理中心在收到各贷款银行总行提交的"风险补偿金申请书""中央部门所属高校国家助学贷款实际发放汇总表""中央部门所属高校国家助学贷款风险补偿金确认书"后，在 20 个工作日内将对应的风险补偿金支付给贷款银行总行。 ③总行将风险补偿金划拨至各分行，各分行在收到总行下拨的风险补偿金的当日将其划入对应账户。

解读9 必 考 点：贷后管理的相关内容。

流程	内容
贷后管理	（3）贷款的偿还。 ①每年借款学生毕业离校前，学校应组织借款学生与经办银行办理还款确认手续，制订还款计划，签订还款协议。 ②借款学生自取得毕业证书之日^{解读10}起，下月 1 日（含）开始归还贷款利息，并可以选择在毕业后的 60 个月内的任何一个月开始偿还贷款本金，但原则上不得延长贷款期限。 ③提前离校的借款学生在办理离校手续之日的下月 1 日起自付贷款利息。 ④休学的借款学生复学，当月恢复财政贴息。 ⑤借款学生毕业后申请出境留学的，应主动通知经办银行并一次性还清贷款本息，经办银行应及时为其办理还款手续。

解读10 取得毕业证书之日以毕业证书签发日期为准。

典型真题

【单选题】国家助学贷款的借款学生自取得毕业证书之日起，下月 1 日（含）开始归还贷款利息，并可以选择在毕业后的（　　）个月内的任何一个月开始偿还贷款本金。

A. 12

B. 18

C. 24

D. 60

【答案】D【解析】国家助学贷款的借款学生自取得毕业证书之日起，下月 1 日（含）开始归还贷款利息，并可以选择在毕业后的 60 个月内的任何一个月开始偿还贷款本金。

【多选题】下列关于国家助学贷款的贷后贴息管理和风险补偿金管理的说法中，正确的有（　　）。

A. 经办银行于每年 12 月月底前，将上一年度实际发放的国家助学贷款金额和违约率按各高校进行统计汇总

B. 全国学生资助管理中心在收到各贷款银行总行提供的贴息申请材料后的 10 个工作日内，将贷款贴息统一划入总行国家助学贷款贴息专户

C. 全国学生资助管理中心在收到各贷款银行总行提交的申请风险补偿金的相关材料后 20 个工作日内将对应的风险补偿金支付给贷款银行总行

D. 经办银行在发放贷款后，于每年结束后的 10 个工作日内，汇总已发放的国家助学贷款学生名单、贷款金额、利率、利息，经合作高校确认后上报总行

E. 总行将风险补偿金划拨至各分行，各分行在收到总行下拨的风险补偿金的当日将其划入对应账户

【答案】BCE【解析】经办银行在每年9月月底前，将上一学年实际发放的国家助学贷款金额和违约率按各高校进行统计汇总，故选项A说法错误。经办银行在发放贷款后，于每季度结束后的10个工作日内，汇总已发放的国家助学贷款学生名单、贷款金额、利率、利息，经合作高校确认后上报总行，故选项D说法错误。

（二）商业助学贷款的流程

流程	内容
受理与调查	(1) 贷款的受理。商业助学贷款申请人应当填写贷款申请表，以书面形式提出贷款申请，并按银行要求提交相关申请材料。 **项目**：申请材料^{解读11} **内容**： ①借款人的合法身份证件（包括身份证、户口簿或其他有效居留证件原件及复印件）。 ②借款人未满18周岁的，应提供监护人身份证明材料及与借款人的关系证明。 ③贷款银行认可的借款人或其家庭成员的经济收入证明。 ④借款人为入学新生的提供就读学校的录取通知书或接收函，借款人为在校生的提供学生证或其他学籍证明。 ⑤借款人就读学校开出的学生学习期内所需学费、住宿费和生活费总额的有关材料。 ⑥以财产做抵（质）押的，应提供抵（质）押物权证和有处分权人（包括财产共有人）签署的同意抵（质）押的承诺，对抵押物须提交银行认可的机构出具的价值评估报告，对质押物须提供权利凭证，以第三方保证担保的应出具保证人同意承担不可撤销连带责任担保的书面文件及有关资信证明材料。 ⑦借款人和担保人应当面出具并签署书面授权，同意贷款银行查询其个人征信信息。 ⑧银行要求提供的其他证明文件和材料。

解读11 此处可与国家助学贷款的材料进行对比记忆，切勿混淆。

续 表

流程	内容

续 表

项目	内容
针对办理校源地贷款，就读学校的额外工作	①向贷款银行推荐借款人，对借款人资格及申请资料进行初审。 ②协助贷款银行对贷款的使用进行监督。 ③将借款人在校期间失踪、死亡或丧失完全民事行为能力或劳动能力，以及发生休学、转学、出国留学或定居、自行离校、开除等情况及时通知贷款银行，并协助贷款银行采取相应的债权保护措施。 ④在借款人毕业前，向贷款银行提供其毕业去向、就业单位名称、居住地址、联系电话等有关信息。 ⑤协助贷款银行开展对借款人的信用教育和还贷宣传工作，讲解还贷的程序和方法，协助贷款银行做好借款人的还款确认和贷款催收工作。

（2）贷前调查（非常重要的环节）。主要由银行贷前调查人审核申请材料是否真实、完整、合法、有效，调查借款申请人的还款能力、还款意愿的真实性以及贷款担保等情况。

项目	内容
调查方式	以实地调查为主、间接调查为辅，采取现场核实、电话查问以及信息咨询等方式。
调查内容	材料一致性、借款人身份及资信状况、借款用途和担保情况等。

流程	内容
审查与审批	参见第二章个人贷款管理相关内容。
签约与发放	参见第二章个人贷款管理相关内容。
支付管理	与国家助学贷款基本相同，不同的是，商业助学贷款可以一次性放款，也可以分次放款。
贷后管理	参见第二章个人贷款管理相关内容。

真考解读 考查相对较少，考生熟悉即可。

四、个人教育贷款的信用风险管理与操作风险管理 （熟悉）

（一）信用风险管理

项目	要点
内容	（1）借款人的还款能力风险（根本保证）。影响个人教育贷款借款人还款能力的因素包括以下两方面。

续 表

项目	要点
内容	①借款人本人还款能力。个人教育贷款的借款人一般为在校学生，如在校期间学生因学习成绩不好拿不到毕业证或学位证，或毕业后难以找到工作，以致无还款来源，影响贷款偿还。 ②共同借款人还款能力。借款人不满 18 周岁的，一般要求追加父母为共同借款人，或要求父母为借款人，如父母等关系人因失业、疾病等原因致使家庭经济条件恶化，将无法按计划偿还贷款。 （2）借款人的还款意愿风险（重要前提）。 （3）借款人的欺诈风险，如恶意欺诈、骗贷等。
防控措施	（1）加强对借款人的贷前审查。 （2）建立和完善防范信用风险的预警机制（关键）。 （3）完善银行个人教育贷款的催收管理系统。 （4）建立有效的信息披露机制。 （5）加强对学生的诚信教育。

（二）操作风险管理

项目	要点
内容	（1）贷款受理与调查中的风险。 ①未深入调查借款申请人的主体资格是否符合银行个人教育贷款的相关规定。 ②未深入调查借款申请人所提交材料的真实性，如借款人的身份是否真实、贫困证明是否真实有效、成绩是否优秀等。 ③未深入调查借款申请人的担保措施是否足额、有效，如担保物所有权是否合法、真实、有效，担保物共有人或所有人授权情况是否核实，担保物是否容易变现（这一点是针对商业助学贷款而言的）等。 ④未按规定建立、执行贷款面谈、借款合同面签制度。 ⑤委托第三方完成贷款调查的全部事项。 （2）贷款审查与审批中的风险。 ①贷款审查、审批未尽职。 ②业务不合规，业务风险与效益不匹配。 ③不按权限审批贷款，使贷款超越授权发放。 ④审批人对应审查的内容审查不严。 （3）贷款签约与发放中的风险。 ①合同凭证预签无效、合同制作不合格、合同填写不规范、未对合同签署人及签字（签章）进行核实。

项目	要点
内容	②在发放条件不齐全的情况下发放贷款。 ③未按规定办妥相关评估、公证等事宜。 ④未按规定的贷款额度、贷款期限、担保方式、结计息方式、还款方式等发放贷款，导致错误发放贷款和贷款错误核算。 ⑤借款合同采用格式条款未公示。 （4）支付管理中的风险。 ①将学费和住宿费的贷款资金全额发放至借款人账户。 ②未详细记录资金流向和归集保存相关凭证，造成凭证遗失。 ③未通过账户分析、凭证查验或现场调查等方式，核查贷款支付是否符合约定用途。 （5）贷后管理中的风险。 ①未对贷款使用情况进行跟踪检查，逾期贷款催收、处置不力，造成贷款损失。 ②未按规定保管借款合同、担保合同等重要贷款档案资料，造成合同损毁。 ③未按规定保管房屋他项权利证书，造成他项权证遗失，他项权利灭失。 ④对借款人违背借款合同约定的行为应发现而未发现，或虽发现但未采取有效措施。
防控措施	（1）规范操作流程，提高操作能力。 （2）完善银行、高校及政府有关部门在贷款管理方面的职责界定。

典型真题

【单选题】个人教育贷款审查和审批中的操作风险不包括（　　）。

A. 完全依赖学校对借款学生情况进行调查

B. 由于审查不严而出现内外勾结骗贷的情况

C. 未按照贷款规定流程报相应层级审批人审批

D. 不按权限审批贷款，使得贷款超授权发放

【答案】A【解析】个人教育贷款审查与审批环节的主要风险点包括：①贷款审查、审批未尽职；②业务不合规，业务风险与效益不匹配；③不按权限审批贷款，使贷款超越授权发放；④审批人对应审查的内容审查不严，导致向不具备贷款发放条件的借款人发放贷款，如向关系人发放信用贷款或向关系人发放担保贷款的条件优于其他借款人。

章 节 练 习

一、**单选题**（以下各小题所给出的四个选项中，只有一项符合题目要求，请选择相应选项，不选、错选均不得分）

1. 下列关于汽车贷款原则的表述中，正确的是（　　　）。
   A. 个人汽车贷款实行"部分担保，分类管理，专款专用"的原则
   B. 个人汽车贷款实行"设定担保，分类管理，特定用途"的原则
   C. 个人汽车贷款实行"部分担保，统一管理，特定用途"的原则
   D. 个人汽车贷款实行"设定担保，统一管理，指定用途"的原则

2. 国内最初的汽车贷款业务是作为促进国内汽车市场发展、支持国内汽车产业的金融手段而出现的，最早出现于（　　　）年。
   A. 1993　　　　　　B. 1994　　　　　　C. 1995　　　　　　D. 1996

3. 2018 年 5 月 1 日，小黄因购买一辆二手汽车向银行申请个人汽车贷款。经有关机构评估，该车的现价值为 90 万元人民币，则小黄可以获得的最高贷款额度为（　　　）万元人民币。
   A. 36　　　　　　B. 45　　　　　　C. 63　　　　　　D. 72

4. 按照个人汽车贷款的业务流程，借款人以贷款所购车辆做抵押向银行贷款的，须在办理完购车手续后，及时到（　　　）办理车辆抵押登记手续。
   A. 贷款人所在地的工商行政部门　　　　B. 借款人购车地的工商行政部门
   C. 借款人户籍所在地的车辆管理部门　　D. 贷款银行所在地的车辆管理部门

5. 下列行为中，属于经销商欺诈风险的是（　　　）。
   A. 汽车经销商为购车人做担保向银行贷款
   B. 借款人约定 3 年还款，贷款 2 年后申请提前还款
   C. 汽车经销商和借款人以虚报的车价向银行申请贷款
   D. 汽车经销商先后以真实的两套购车资料向同一银行申请车贷

6. 国家助学贷款的"风险补偿"原则是指国家财政（　　　）。
   A. 按贷款当年实际发放金额的一定比例对借款学生给予补偿
   B. 对无力偿还贷款的借款学生给予一定比例的补偿
   C. 按贷款当年实际违约金额的一定比例对贷款银行给予补偿
   D. 按贷款当年实际发放金额的一定比例对贷款银行给予补偿

7. （　　　）对学生提交的国家助学贷款申请材料进行资格审查，对其完整性、真实性和合法性负责。
   A. 全国学生资助管理中心　　　　　　B. 贷款经办银行
   C. 贷款银行总行　　　　　　　　　　D. 学校国家助学贷款经办机构

8. 经办银行在发放国家助学贷款后，于每季度结束后的（　　　）个工作日内，汇总已发放的国家助学贷款学生名单、贷款金额、利率、利息，经合作高校确认后上报总行。
   A. 10　　　　　　B. 15　　　　　　C. 20　　　　　　D. 30

9. 下列关于国家助学贷款偿还的说法，错误的是（   ）。

    A. 每年借款学生毕业离校前，学校应组织借款学生与经办银行办理还款确认手续

    B. 提前离校的借款学生办理离校手续之日的下月 1 日起自付贷款利息

    C. 休学的借款学生复学，次月 1 日起恢复财政贴息

    D. 借款学生毕业后申请出国留学的，应主动通知经办银行并一次性还清贷款本息

二、多选题（以下各小题所给出的五个选项中，有两项或两项以上符合题目的要求，请选择相应选项，多选、少选、错选均不得分）

1. 申请个人汽车贷款，借款人须提供一定的担保措施，包括（   ）。

    A. 质押   B. 以贷款所购车辆做抵押

    C. 房地产抵押   D. 第三方保证

    E. 购买个人汽车贷款履约保证保险

2. 关于个人汽车贷款中的汽车价格，下列说法正确的有（   ）。

    A. 对于新车，是指汽车实际成交价格与汽车生产商公布价格中的低者

    B. 对于新车，是指汽车实际成交价格与汽车生产商公布价格中的高者

    C. 对于二手车，是指汽车实际成交价格与贷款银行认可的评估价格中的高者

    D. 对于二手车，是指汽车实际成交价格与贷款银行认可的评估价格中的低者

    E. 汽车成交价格中必须包括各类附加税费及保费等

3. 借款人申请国家助学贷款和商业助学贷款，都须具备的条件是（   ）。

    A. 具有中华人民共和国国籍，并持有合法身份证件

    B. 诚实信用，遵纪守法，无违法违规行为

    C. 家庭经济确实困难，无法支付正常完成学业所需的基本费用（包括学费、住宿费和生活费）

    D. 必要时须提供有效的担保

    E. 贷款银行要求的其他条件

4. 借款人办理校源地商业助学贷款的，贷款银行应联系借款人就读学校作为介绍人并做好的工作有（   ）。

    A. 向贷款银行推荐借款人，对借款人资格及申请资料进行初审

    B. 将借款人休学、转学等情况及时通知贷款银行，并协助贷款银行采取相应的债权保护措施

    C. 在借款人毕业前，向贷款银行提供其毕业去向、就业单位名称、居住地址、联系电话等有关信息

    D. 协助贷款银行开展对借款人的信用教育和还贷宣传工作，讲解还贷的程序和方法

    E. 协助贷款银行对贷款的使用进行监督

三、判断题（请对以下各项描述做出判断，正确的为 A，错误的为 B）

1. 提前还款是指借款人具有一定的偿还能力时，主动向贷款银行提出部分或全部提前偿还贷款的行为。（   ）

    A. 正确   B. 错误

2. 银行在汽车贷款业务开展中是独立作业的，与其他行业、单位无关。（　　　）

　　A. 正确　　　　　　　　　　　　　　B. 错误

答案详解

一、单选题

1. B【解析】个人汽车贷款实行"设定担保，分类管理，特定用途"的原则。

2. A【解析】国内最初的汽车贷款业务是作为促进国内汽车市场发展、支持国内汽车产业的金融手段而出现的，最早出现于 1993 年。

3. C【解析】借款人申请个人汽车贷款时，所购车辆为二手车的，贷款额度不得超过所购汽车价格的 70%，因此小黄可以获得的贷款额度最高为 63（90×70%）万元人民币。

4. D【解析】借款人以贷款所购车辆做抵押向银行贷款的，须在办理完购车手续后，及时到贷款银行所在地的车辆管理部门办理车辆抵押登记手续。

5. C【解析】选项 C 属于常见汽车经销商欺诈行为中的"虚报车价"行为。选项 A、选项 B、选项 D 均属正常的个人汽车贷款业务。

6. D【解析】风险补偿是指根据"风险分担"的原则，按当年实际发放的国家助学贷款金额的一定比例对经办银行给予补偿。

7. D【解析】学校国家助学贷款经办机构（简称学校机构）对学生提交的国家助学贷款申请材料进行资格审查，对其完整性、真实性和合法性负责，初审工作将在收到学生申请后的一定时间内完成。

8. A【解析】经办银行在发放国家助学贷款后，于每季度结束后的 10 个工作日内，汇总已发放的国家助学贷款学生名单、贷款金额、利率、利息，经合作高校确认后上报总行。

9. C【解析】休学的借款学生复学，当月恢复财政贴息，故选项 C 说法错误。

二、多选题

1. ABCDE【解析】申请个人汽车贷款，借款人须提供一定的担保措施，包括质押、以贷款所购车辆做抵押、房地产抵押、第三方保证以及购买个人汽车贷款履约保证保险等。

2. AD【解析】新车的汽车价格是指汽车实际成交价格与汽车生产商公布价格中的低者，二手车的汽车价格是指汽车实际成交价格与贷款银行认可的评估价格中的低者。上述成交价格均不得含有各类附加税费及保费等。故选项 B、选项 C、选项 E 说法错误。

3. AE【解析】根据国家助学贷款和商业助学贷款须具备的条件可知，只有选项 A、选项 E 是它们都须具备的条件。

4. ABCDE【解析】根据教材知识点可知，题中选项均符合题意。

三、判断题

1. A【解析】题干表述正确。

2. B【解析】银行在汽车贷款业务开展中可能需要与担保机构、服务中介、保险公司等多方进行协调配合，并不是独立作业的。

第五章　个人经营类贷款

应试分析

　　本章主要介绍了个人经营贷款、个人商用房贷款以及涉农贷款的相关内容。在历次考试中所占的分值不高，约为8分，题型涉及单选题、多选题和判断题。考试重点主要集中在个人经营贷款和个人商用房贷款的相关要素以及流程上。

思维导图

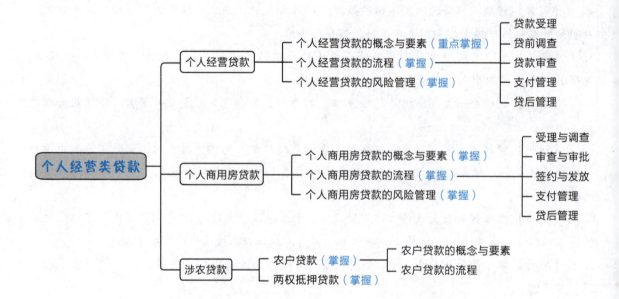

- 个人经营类贷款
  - 个人经营贷款
    - 个人经营贷款的概念与要素（重点掌握）
    - 个人经营贷款的流程（掌握）
      - 贷款受理
      - 贷前调查
      - 贷款审查
      - 支付管理
      - 贷后管理
    - 个人经营贷款的风险管理（掌握）
  - 个人商用房贷款
    - 个人商用房贷款的概念与要素（掌握）
    - 个人商用房贷款的流程（掌握）
      - 受理与调查
      - 审查与审批
      - 签约与发放
      - 支付管理
      - 贷后管理
    - 个人商用房贷款的风险管理（掌握）
  - 涉农贷款
    - 农户贷款（掌握）
      - 农户贷款的概念与要素
      - 农户贷款的流程
    - 两权抵押贷款（掌握）

微信扫码关注
畅享在线做题

微信扫码关注
获取免费直播课

知识精讲

第一节 个人经营贷款

一、个人经营贷款的概念与要素（重点掌握）

真考解读 属于必考点，一般会考 1~2 道题。

项目	内容
概念	个人经营贷款是指银行向从事合法生产经营的自然人发放的，用于定向购买或租赁商用房、机械设备，以及用于满足个人控制的企业（含个体工商户）生产经营流动资金需求和其他合理资金需求的贷款。
要素 解读1	（1）贷款对象。具有合法经营资格的个体工商户和小微企业主。借款人申请个人经营贷款，需要具备以下条件。 ①具有完全民事行为能力的自然人，符合经办银行关于借款人的年龄要求。 ②具有合法有效的身份证明、户籍证明（或有效居住证明）以及婚姻状况证明。 ③借款人具有合法的经营资格，可以提供个体工商户营业执照。 ④具有稳定的收入来源以及按时足额偿还贷款本息的能力。 ⑤具有良好的信用记录和还款意愿，借款人及其经营实体在银行及其他已查知的金融机构无不良信用记录。 ⑥能为贷款人提供其认可的合法、有效、可靠的贷款担保。 ⑦借款人在银行开立个人结算账户。 ⑧贷款银行规定的其他条件。 （2）贷款用途。借款人或其经营实体合法的经营活动，且符合工商行政管理部门许可的经营范围。借款人须承诺贷款不以任何形式流入证券市场、期货市场和用于股本权益性投资、房地产项目开发，不用于借贷牟取非法收入以及其他国家法律法规明确规定不得经营的项目。 （3）贷款利率。个人经营贷款利率须同时符合中国人民银行和各行总行对相关产品的风险定价政策，并符合各行总行利率授权管理规定，在同期同档次 LPR 的基础上上下浮动。 （4）贷款期限 解读2。一般不超过 5 年，采用保证担保方式的不得超过 1 年。 （5）还款方式。按月等额本息还款法、按月等额本金还款法、按周还本付息还款法。

解读1 必考点：个人经营贷款的要素。在考试中多为综合考查，也会单独就某一个要素出题。

解读2 贷款人应根据借款人经营活动及借款人还款能力确定贷款期限。

项目	内容

①贷款期限在 1 年以内（含 1 年）的，可采用按月付息、到期一次性还本付息法。

②采用低风险质押担保方式且贷款期限在1 年以内（含 1 年）的，可采用到期一次性还本付息法。

（6）担保方式。具体包括抵押、质押、保证三类。

项目	要点
抵押担保	①要求。 ◆抵押物须为借款人本人或第三人（限自然人）名下已取得房屋所有权证的住房、商用房或商住两用房、办公用房、厂房或拥有土地使用权证的出让性质的土地。 ◆贷款人应与抵押人（或其代理人）到房产所在地的房地产登记机关或土地登记机关办理抵押登记，取得房屋他项权证或其他证明文件。 ◆贷款期限不得超过抵押房产剩余的土地使用权年限，贷款金额最高不超过抵押物价值的70%。 ◆抵押房产或土地应由银行确定的评估公司进行评估定价，也可由符合银行规定相关资格的内部评估人员对抵押房产或土地进行价值评估。 ②抵押房产或土地须满足的条件。 ◆抵押房产或土地已取得完整产权，未设定抵押（在银行已设定最高额抵押担保除外），无产权争议，易于变现。 ◆以第三人房产或土地抵押或抵押房产具有共有人的，须提供房屋或土地所有权人及共有人同意抵押的书面证明。 ◆以出租房产抵押的，承租人须出具因借款人违约导致房产处置时同意解除租赁合同的书面承诺。 ◆不得接受不具备转让、交易、处置条件的房产或土地用于抵押。
质押担保	可接受自然人（含第三人）名下的银行存单及国债等作为质押物。
保证担保	保证人可为自然人或银行认可的专业担保公司。

（7）贷款额度。商业银行依据贷款风险管理相关规定确定。

| 要素 | |

典型真题

【单选题】 个人经营贷款采用保证担保方式的贷款期限不得超过（　　）年。

A. 3　　　　　B. 1　　　　　C. 2　　　　　D. 5

【答案】 B **【解析】** 个人经营贷款期限一般不超过5年，采用保证担保方式的不得超过1年。

【单选题】 下列关于个人经营贷款的说法，错误的是（　　）。

A. 经银行同意后，贷款可以用于股本权益性投资

B. 贷款人应根据借款人经营活动及借款人还款能力确定贷款期限

C. 个人经营贷款的对象可以是具有合法经营资格的个体工商户

D. 贷款期限在1年以内（含1年）的，可采用按月付息、到期一次性还本的还款方式

【答案】 A **【解析】** 个人经营贷款的用途为借款人或其经营实体合法的经营活动，且符合工商行政管理部门许可的经营范围。借款人须承诺贷款不以任何形式流入证券市场、期货市场和用于购房、股本权益性投资、房地产项目开发，不用于借贷牟取非法收入，以及其他国家法律法规明确规定不得经营的项目。故选项A说法错误。

二、个人经营贷款的流程（掌握）

真考解读 属于常考点，一般会考1道题。

项目	内容
贷款受理	申请人填写借款申请书，以书面形式提出个人贷款申请，并按银行要求提交相关申请材料。对于有共同申请人的，应同时要求共同申请人提交有关申请材料。具体的材料如下。 （1）个人经营贷款申请表。 （2）借款人及其配偶的有效身份证件、户籍证明、婚姻状况证明原件及复印件。 （3）经年检的个体工商户营业执照、合伙企业营业执照或企业法人营业执照原件及复印件。 （4）个人收入证明^解读3 （5）能反映借款人或其经营实体近期经营状况的银行结算账户明细或完税凭证等资料。 （6）抵押房产权属证明原件及复印件。有权处分人（包括房产共有人）同意抵押的证明文件。抵押房产如需评估，须提供评估报告原件。 （7）贷款采用保证方式的须提供保证人相关资料。 （8）贷款人要求提供的其他资料。

解读3 个人收入证明主要包括个人纳税证明、工资薪金证明、个人在经营实体的分红证明、租金收入、在银行近6个月内的存款及国债、基金等金融资产证明等。

项目	内容
贷前调查	（1）调查方式。 ①以实地调查为主、间接调查为辅，调查方法包括现场核实、电话查问以及信息咨询等。 ②个人经营贷款调查由贷款经办行负责，贷款实行双人调查和见客谈话制度。调查人对贷款资料的真实性负责。 （2）调查内容。 ①借款申请人所提供的资料是否真实、合法和有效，通过面谈了解借款人申请是否自愿、属实，贷款用途是否真实合理，是否符合银行规定。 ②借款人收入来源是否稳定，是否具备按时足额偿还贷款本息的能力。 ③通过查询银行客户信息系统、人民银行个人信息基础数据库，判断借款人资信状况是否良好，是否具有较好的还款意愿。 ④借款人及其经营实体信誉是否良好，经营是否正常，是否涉及法律纠纷、诉讼等。 ⑤对借款人拟提供的贷款抵押房产进行双人现场核实，调查抵押房产权属证书记载事项与登记机关不动产登记簿相关内容是否一致，银行抵押物清单记载的财产范围与登记机关不动产登记簿相关内容是否一致，并将核实情况记录在调查审查审批表中或其他信贷档案中解读4 ⑥贷款采用保证担保方式的，保证人是否符合银行相关规定，保证人交存的保证金是否与银行贷款余额相匹配。 ⑦贷款申请额度、期限、成数、利率与还款方式是否符合规定。
贷款审查	（1）对贷款业务的合规性审查。 （2）对贷前调查人提交的个人经营贷款调查审查审批表、贷款调查内容的合法性、合理性、准确性进行全面审查。
支付管理	（1）经贷款人同意，可以采取借款人自主支付方式：①借款人无法事先确定具体交易对象且金额不超过30万元人民币的个人贷款；②贷款资金用于生产经营且金额不超过50万元人民币的个人贷款。 （2）经授信审批部门审批同意，按借款合同约定用途向借款人的交易对象支付的情形：借款人交易对象不具备条件有效使用非现金结算方式的。

解读4 对于有共有人的抵押房产，还应审查共有人是否出具了同意抵押的书面证明。以第三人房产提供抵押的，还应审查房产所有人是否出具了同意抵押的书面证明。

续 表

项目	内容
贷后管理^{解读5}	（1）贷后管理相关工作由贷款经办行负责，具体包括客户关系维护、押品管理、违约贷款催收及相应的贷后检查等工作。 （2）信贷管理部门负责贷后监测、检查及对贷款经办行贷后管理工作的组织和督导。 （3）贷后检查的主要内容包括借款人情况检查和担保情况检查。 （4）贷后管理特别关注的事项。

项目	内容
日常走访企业	在政策、市场、经营环境等外部环境发生变化或借款人自身发生异常的情况下，应不定期就相关问题走访企业，并及时检查借款人的借款资金及使用情况。
企业财务经营状况的检查	通过测算与比较资产负债表、损益表、现金流量表及主要财务比率的变化，动态地评价企业的经济实力、资产负债结构、变现能力、现金流量情况，进一步判断企业是否具备可靠的还款来源和能力。
项目进展情况的检查	对固定资产贷款还应检查项目投资和建设进度、项目施工设计方案及项目投资预算是否变更、项目自筹资金和其他银行借款是否到位、项目建设与生产条件是否变化、配套项目建设是否同步、项目投资缺口及建设工期等。

解读5 这里的贷款流程只列举了一部分，关于审批、签约、发放的相关内容可在第二章个人贷款管理部分查看。

典型真题

【单选题】《个人贷款管理暂行办法》规定，对于借款人无法事先确定具体交易对象且金额不超过（   ）万元人民币的个人贷款，经贷款人同意可以采取借款人自主支付方式。

A. 30　　　　　B. 100　　　　　C. 50　　　　　D. 80

【答案】A【解析】对于借款人无法事先确定具体交易对象且金额不超过30万元人民币的个人贷款，经贷款人同意可以采取借款人自主支付方式。

真考解读 属于常
考点，一般会考
1道题。

三、个人经营贷款的风险管理（掌握）

（一）行业风险管理、合作机构风险管理以及操作风险管理

项目	防控措施
行业风险管理	（1）严格准入行业标准。 ①禁止介入的行业：法律法规和监管规定禁止或限制准入的行业；《产业结构调整指导目录》中明确为限制类和淘汰类的项目、工艺或产品等；货币金融服务业、资本市场服务业、保险业及其他金融业；房地产业、担保服务业。 ②谨慎介入的行业：产能过剩行业、不符合节能减排要求的行业项目；未完全达到国家环保标准的行业项目等。 （2）加强行业限额管理。 ①以"有效分散风险"为原则，进行行业投向限额管理，设定合适的行业投向比例，结合贷后管理工作，定期对行业集中度进行监测。 ②对于行业投向过于集中的，及时采取措施，适当压降该行业客户贷款。
合作机构风险管理	（1）严格专业担保机构的准入。基本准入资质应符合以下要求。 ①具有监管认可的融资担保业务经营许可证。 ②注册资金应达到一定规模。 ③具有一定的信贷担保经验（原则上应从事担保业务一定期限），信用评级达到一定的标准。 ④具备符合担保业务要求的人员配置、业务流程和系统支持。 ⑤具有良好的信用资质，公司及其主要经营者无重大不良信用记录，无违法涉案行为等。 ⑥此类担保公司，原则上应要求其与贷款银行进行独家合作，如与多家银行合作，应对其担保总额度进行有效监控。 （2）严格执行回访制度。存在以下情况的，银行应暂停与该担保机构的合作。 ①经营出现明显的问题，对业务发展严重不利的。 ②存在违法、违规经营行为的。 ③与银行合作的存量业务出现严重不良贷款的。 ④与其合作对银行业务拓展没有明显促进作用的。 ⑤存在对银行业务发展不利的其他因素。

续 表

项目	防控措施
操作风险管理	（1）贷款发放后，银行应保持与借款人的联络，对借款期间的突发事件及时做出反应。 （2）借款人以自有或第三人的财产进行抵押，抵押物须产权明晰、价值稳定、变现能力强、易于处置。

（二）信用风险管理^{解读6}

项目	要点
内容	（1）借款人还款能力发生变化（多与企业生产经营收入有关）。 （2）借款人还款意愿下降（受外部经营环境、企业经营状况和当地信用水平影响）。 （3）保证人担保能力发生变化（受收入变动、担保意愿下降等影响）。 （4）抵押物价值发生变化（受抵押物价格降低及抵押物折旧、毁损、功能落后等影响）。
防控措施	（1）加强对借款人还款能力的调查和分析，重点调查借款人的生产经营收入（如经营收入的稳定性、合法性和未来收入预期的合理性等）。 （2）加强对借款人所控制企业经营情况的调查和分析，主要从经营的合法合规性、经营的商誉情况、经营的盈利能力和稳定性这三个方面加以考察。 （3）加强对保证人担保能力的调查和分析^{解读7}。在保证期间，银行如发现保证人出现以下变化，必须引起高度重视，需要对保证人资信进行重新评估的，马上组织评估，发现保证人保证能力和保证意愿严重弱化的，及时通知借款人，要求变更担保措施。 ①保证人发生隶属关系变更、高层人事变动、公司章程修改以及组织结构调整。 ②保证人生产经营、财务状况发生重大诉讼、仲裁，可能影响其履行保证责任；保证人改变资本结构。 ③保证人为第三人债务提供保证担保或者以其主要资产为自身或第三人债务设定抵押、质押，可能影响履行保证责任。 ④保证人有低价或无偿转让有效资产、非法改制等逃债行为。 ⑤保证人有恶意破产倾向。

解读6 常考点：信用风险管理的具体内容以及防控措施。一般以多选题的形式出现。

解读7 贷款银行应当选择信用等级高、还款能力强的保证人，且保证人信用等级不能低于借款人，不接受股东之间和家庭成员之间的单纯第三方保证方式。

续　表

项目	要点
防控措施	（4）加强对抵押物价值的调查和分析。银行可以采取以下措施规避抵押物价值变化带来的信用风险。 ①要求借款人恢复抵押物价值。 ②更换为其他足值抵押物。 ③按合同约定或依法提前收回贷款。 ④重新评估抵押物价值，择机及时处置抵押物。

典 型 真 题

【多选题】规避个人经营贷款抵押物价值下降而带来的信用风险，银行可以采取的措施包括（　　）。

A. 重新评估抵押物价值，择机及时处置抵押物

B. 要求借款人恢复抵押物价值

C. 按合同约定提前收回贷款

D. 要求更换为其他足值抵押物

E. 如借款人正常还款，可暂不采取措施

【答案】ABCD【解析】由教材内容可知，选项 A、选项 B、选项 C、选项 D 均为银行可以采取的措施。

第二节　个人商用房贷款

视频讲解　微信扫描

一、个人商用房贷款的概念与要素（掌握）

真考解读属于常考点，一般会考 1 道题。

解读1商用房：临街商铺、住宅小区的商业配套房、商住两用房、办公用房（写字楼）、购物中心等。

项目	内容
概念	个人商用房贷款是指贷款人向借款人发放的用于购买国有出让土地上商业用房的贷款。
要素	（1）贷款对象。 ①商用房 解读1 所占用土地使用权性质为国有出让，土地类型为商业、商住两用或综合用地。 ②商用房为一手房的，该房产应为已竣工的房屋，并取得合法销售资格。 ③商用房为二手房的，该房产应取得房屋所有权证及土地使用权证。

续 表

项目	内容
要素^{解读3}	【提示】借款人申请个人商用房贷款^{解读2}，需要具备以下条件。 ①具有完全民事行为能力且年龄在 18（含）~65 周岁（不含）的自然人。 ②具有合法有效的身份证明、户籍证明（或有效居住证明）以及婚姻状况证明（或未婚声明）。 ③具有稳定的收入来源以及按时足额偿还贷款本息的能力。 ④具有良好的信用记录和还款意愿。 ⑤在银行开立个人结算账户。 ⑥已支付所购商用房市场价值 50%（含）以上的首付款（商住两用房首付款比例须在 45% 及以上），并提供首付款银行进账单或售房人开具的首付款发票或收据。 ⑦具有所购商用房的商品房销（预）售合同或房屋买卖协议。 ⑧贷款银行规定的其他条件。 （2）贷款利率。个人商用房贷款利率不得低于相应期限贷款市场报价利率（LPR）+60BP。个人商用房贷款执行浮动利率，如人民银行调整利率，应按照合同约定的调整时间进行调整。 （3）贷款期限。最短为 1 年（含），最长不超过 10 年。 （4）还款方式包括按月等额本息还款法、按月等额本金还款法等。 （5）担保方式。原则上以所购商用房设定抵押；部分商业银行允许采用抵押、质押和保证等方式。

申请贷款方式	内容
抵押方式^{解读4}	①以房产做抵押的，应符合《民法典》《城市房地产抵押管理办法》等相关法律法规的规定，并按要求办理抵押登记手续。 ②以所购商用房（通常要求借款人拥有该商用房的产权）做抵押的，由贷款银行决定是否有必要与开发商签订商用房回购协议。 ③以财产做抵押的，贷款银行可要求借款人办理抵押物保险，保险期不得短于借款期限，还款责任险投保金额不得低于贷款本金和利息之和，贷款银行应为保险单注明的第一受益人，且保险单不得有任何有损贷款银行权益的限制条件。

解读2 在境内工作、学习的境外个人还须满足我国关于境外人士购房的相关政策。

解读3 常考点：个人商用房贷款各要素的内容，尤其是贷款对象、贷款利率与期限以及贷款额度。

解读4 在抵押期间，借款人未经贷款银行同意，不得转移、变卖或再次抵押已被抵押的财产。

续 表

项目	内容

续 表

申请贷款方式	内容
质押方式	借款人提供的质押物必须符合《民法典》的规定，同时出质人和质权人必须签订书面质押合同，根据规定需要办理登记的，应办理出质登记手续，贷款银行认为需要公证的，借款人（或出质人）应当办理公证。
第三方保证方式	借款人应提供贷款银行可接受的第三方连带责任保证。

（6）贷款额度。不得超过所购商用房价值的50%，所购商用房为商住两用房的，贷款额度不得超过所购商用房价值的55%。

典型真题

【单选题】个人商用房贷款利率不得低于相应期限贷款市场报价利率（LPR）+（ ）BP。

A. 30   B. 50   C. 100   D. 60

【答案】D【解析】个人商用房贷款利率不得低于相应期限贷款市场报价利率（LPR）+60BP。

【单选题】个人商用房贷款的贷款额度不得超过所购商用房价值的（ ），所购商用房为商住两用房的，贷款额度不得超过所购商用房价值的（ ）。

A. 50%；60%   B. 50%；55%   C. 40%；50%   D. 40%；55%

【答案】B【解析】根据相关规定，个人商用房贷款的贷款额度不得超过所购商用房价值的50%，所购商用房为商住两用房的，贷款额度不得超过所购商用房价值的55%。故选B。

二、个人商用房贷款的流程 （掌握）

项目	内容
受理与调查	（1）贷款的受理。商用房贷款申请人以书面形式提出贷款申请，填写借款申请表，并按银行要求提交相关申请材料。申请材料如下。 ①借款申请表。 ②借款人还款能力证明材料（包括收入证明和有关资产证明等）。

续 表

项目	内容
受理与调查	③借款人及其配偶的有效身份证件、户籍证明、婚姻状况证明原件及复印件。 ④所购商用房为一手房的，须提供首付款的银行存款凭条或开发商开具的首付款发票原件及复印件；所购商用房为二手房的，须提供售房人开具的首付款收据原件及复印件。 ⑤借款人与售房人签订的商品房销（预）售合同或房屋买卖协议原件。 ⑥拟购房产为共有的，须提供共有人同意抵押的证明文件。 ⑦抵押房产需要评估的，须提供评估报告原件。 ⑧贷款银行要求的其他资料。 （2）贷前调查。

项目	内容
对开发商及楼盘项目的调查	①参照个人住房贷款项目对开发商资信情况及楼盘项目材料的真实性、合法性、完整性等内容进行调查。 ②重点调查开发商的开发运营经验、商用房项目的市场前景等。
对借款人的调查	个人商用房贷款调查由贷款经办行负责，贷款实行双人调查和见客谈话制度，并重点调查以下内容。 ①借款申请人提供的资料是否真实、合法和有效，借款行为是否自愿、属实，购房行为是否真实。 ②借款人的收入^{解读5}来源是否稳定，是否具备按时足额偿还贷款本息的能力。 ③借款人资信状况是否良好，是否具有较好的还款意愿。 ④贷款年限加上借款人年龄是否符合规定。 ⑤借款人购买商用房的价格是否合理，是否符合规定的条件。 ⑥借款人是否已支付首期房款，首付款比例是否符合要求。 ⑦双人现场核实借款人拟购买的房产是否真实、合法、有效。 ⑧贷款申请额度、期限、成数、利率与还款方式是否符合规定。

解读5 在计算借款人收入时，可将所购商用房未来可能产生的租金收入作为借款人收入。

续　表

项目	内容
受理与调查	续　表 <table><tr><td>项目</td><td>内容</td></tr><tr><td>对借款人的调查</td><td>【提示】贷款经办行调查完毕后，应及时将贷款资料（包括贷款申请资料、贷款调查资料及调查审查审批表）移交审查审批部门。</td></tr></table>
审查与审批	（1）贷款审查。全面审查贷款调查内容的合法性、合理性、准确性，重点关注调查人员的尽职情况及借款人的还款能力、信用状况、担保状况、抵押或质押比率、贷款风险因素及风险程度等。 （2）贷款审批。 ①贷款资料是否完整、齐全，资料信息是否合理、一致，首付款金额与开发商开具的发票（收据）或银行对账单是否一致，有无"假按揭"贷款嫌疑。 ②借款人是否符合条件、资信是否良好、还款来源是否足额可信。 ③贷款金额、成数、利率、期限、还款方式是否符合相关规定。 ④贷款担保是否符合规定，以房产抵押方式设定担保的，抵押房产是否合法、充足和有效，价值是否合理，权属关系是否清晰，是否易于变现。
签约与发放	贷款审批同意后，借款人及保证人需要对借款合同和借据载明的要素进行核对，确认一致后，签署个人购房借款/担保合同，银行按规定要求办理贷款发放手续。
支付管理	须采取受托支付的方式，银行须将贷款资金划转至开发商账户。
贷后管理	（1）贷款经办行及信贷管理部门共同负责个人商用房贷后管理。 （2）贷后管理内容包括客户关系的维护、押品的管理、违约贷款的催收及相应的贷后检查等。 （3）信贷管理部门负责贷后监测、检查及对贷款经办行贷后管理工作的组织和督导。 （4）重点关注的内容。 ①定期了解借款人客户的信息变化情况，如联系方式、居住地点、职业收入、其他融资和负债情况的变化及其家庭重大变化等。 ②定期查询银行相关系统，了解借款人在银行及其他金融机构的信用状况。

续 表

项目	内容
贷后管理	③定期对合作楼盘开展贷后现场检查，了解商业项目的商业运营情况。 ④定期检查大额贷款及"一人多贷"借款人是否能按时偿还贷款本息，是否存在影响贷款按时偿还的因素。 ⑤检查违约贷款的违约原因，是否存在违规操作行为。 ⑥及时对违约贷款进行催收，对通过电话等通信方式无法联系到的借款人进行上门催收。 ⑦检查逾期贷款是否在诉讼时效之内，催收贷款本息通知书是否合规、合法。

典型真题

【多选题】个人商用房贷款的贷款审批人须审查的内容包括（　　）。

A. 商业用房的地段及质量状况

B. 借款申请人的资信是否良好

C. 贷款用途是否合规

D. 借款申请人是否符合贷款条件，是否有还款能力

E. 抵押房产权属关系是否清晰

【答案】BDE **【解析】**贷款审批人应对以下内容进行审查：①贷款资料是否完整、齐全，资料信息是否合理、一致，首付款金额与开发商开具的发票（收据）或银行对账单是否一致，有无"假按揭"贷款嫌疑；②借款人是否符合条件、资信是否良好、还款来源是否足额可信；③贷款金额、成数、利率、期限、还款方式是否符合相关规定；④贷款担保是否符合规定，以房产抵押方式设定担保的，抵押房产是否合法、充足和有效，价值是否合理，权属关系是否清晰，是否易于变现。

三、个人商用房贷款的风险管理 （掌握）

（一）合作机构风险管理

项目	要点
主要内容	（1）开发商不具备房地产开发的主体资格或实力经验不足。 （2）开发项目"五证"虚假或不全，项目市场定位不准或运营不当。 （3）开发商恶意套取贷款资金。

真考解读属于常考点，一般会考1道题。

项目	要点
主要内容	（4）估值机构、房地产经纪公司和律师事务所等中介机构不尽职或联合借款人欺诈银行骗贷。
防控措施	（1）加强对开发商及合作项目的审查。 ①重点审查开发商的资质、资信等级、商业项目开发经验、领导层的信誉及管理水平、资产负债及盈利水平、已开发项目的建设情况、销售情况、履行保证责任的意愿及能力、是否卷入诉讼或纠纷、与银行业务合作情况等。 ②加强对合作项目的审查，重点审查项目开发及销售的合法性、资金到位情况、工程进度情况、市场定位和销售以及运营前景预测等。 （2）加强对估值机构、房地产经纪公司和律师事务所等合作机构的准入管理。 （3）业务合作中不过分依赖合作机构。

（二）信用风险管理

项目	要点
主要内容	（1）借款人还款能力发生变化。借款人的客观财务状况，即在客观情况下借款人能够按时足额还款的可能性。 ①借款人或保证人收入发生变化。 ②商用房经营情况发生变化，如商用房所在地段经济发展重心转移、大范围拆迁、项目经营情况恶化等。 （2）借款人还款意愿发生变化。
防控措施	（1）参照个人住房贷款部分加强对工薪类借款人还款能力和还款意愿的调查分析。 （2）调查借款人经营收入及商用房项目运营前景。商用房主要是用于盈利的经营性房屋，很多大金额个人商用房贷款的还款来源主要是借款人的经营性收入，包括租金收入和其他经营收入等。 ①加强对借款人经营收入的真实性和稳定性的关注。 ②重点调查借款人所购商用房所在商业地段繁华程度以及其他商用房出租情况、租金收入情况。 ③调查了解该地段的未来发展规划，如是否会出现大的拆迁变动、经济发展重心转移等情况。

（三）操作风险管理

主要内容	主要风险点
贷款受理与调查中的风险	（1）未深入调查借款申请人的主体资格是否符合相关规定，如是否具有完全民事行为能力，是否有稳定、合法的收入来源，是否有按期偿还本息的能力等。 （2）未深入调查借款申请人所提交的材料是否真实、合法，如借款人、保证人、抵押人、出质人的身份证件是否真实、有效，抵（质）押物的权属证明材料是否真实、有无涂改现象等。 （3）未深入调查借款申请人的担保措施是否足额、有效，如担保物所有权是否合法、真实、有效，担保物共有人或所有人授权情况是否核实，担保物是否容易变现等。 （4）未按规定建立、执行贷款面谈、借款合同面签制度。 （5）委托第三方完成贷款调查的全部事项。
贷款审查与审批中的风险	（1）业务不合规，业务风险与效益不匹配。 （2）未按权限审批贷款，使得贷款超授权发放。 （3）审批人员对应审查的内容审查不严，导致向不具备贷款发放条件的借款人发放贷款。
贷款签约与发放中的风险	（1）合同凭证预签无效、合同制作不合格、合同填写不规范、未对合同签署人及签字（签章）进行核实。 （2）在发放条件不齐全的情况下发放贷款，如贷款未经审批或审批手续不全，各级签字（签章）不全。 （3）未按规定办妥相关评估、公证等事宜。 （4）未按规定的贷款额度、贷款期限、担保方式、结息方式、计息方式、还款方式、适用利率、利率调整方式和发放方式等发放贷款，导致错误发放贷款和贷款错误核算。 （5）借款合同采用格式条款未公示。
贷款支付管理中的风险	（1）贷款资金发放前，未审核借款人相关交易资料和凭证。 （2）直接将贷款资金发放至借款人账户。 （3）在未接到借款人支付申请和支付委托的情况下，直接将贷款资金支付给房地产开发商。 （4）未详细记录资金流向和归集保存相关凭证，造成凭证遗失。 （5）未通过账户分析、凭证查验或现场调查等方式，核查贷款支付是否符合约定用途。

续　表

主要内容	主要风险点
贷后管理中的风险	（1）未对贷款使用情况进行跟踪检查，房屋他项权证到位不及时，逾期贷款催收、处置不力，造成贷款损失。 （2）贷款管理与其规模不相匹配，贷款管理力度偏弱，贷前调查材料较为简单，贷后往往只关注借款人按月还款情况，在还款正常的情况下，未对其经营情况及抵押物的价值、用途等变动状况进行持续跟踪监测。 （3）未按规定保管借款合同、担保合同等重要贷款档案资料，造成合同损毁。 （4）未按规定保管房屋他项权证，造成权证遗失和权利灭失。 （5）对借款人违背借款合同约定的行为应发现而未发现，或虽发现但未采取有效措施。

第三节　涉农贷款

真考解读 属于常考点，一般会考1道题。

一、农户贷款（掌握）

（一）农户贷款的概念与要素

项目	内容
概念	（1）农户是指长期居住在乡镇和城关镇所辖行政村的住户、国有农场的职工和农村个体工商户。 （2）农户贷款是指银行业金融机构向符合条件的农户发放的用于生产经营、生活消费等用途的贷款。
要素	（1）贷款对象。符合农户贷款条件的农户。 【提示】农户申请贷款应当具备以下条件。 ①农户贷款以户为单位申请发放，并明确一名家庭成员为借款人（具有完全民事行为能力的中华人民共和国公民）。 ②户籍所在地、固定住所或固定经营场所在农村金融机构服务辖区内。 ③贷款用途应当明确合法。 ④贷款申请的数额、期限及币种合理。 ⑤借款人具备还款意愿及还款能力。 ⑥借款人无重大信用不良记录。

续 表

项目	内容
要素	⑦借款人在农村金融机构开立结算账户。 ⑧农村金融机构规定的其他条件。 （2）贷款利率。综合考虑农户贷款资金及管理成本、贷款方式、风险水平、合理回报等要素以及农户生产经营利润率和支农惠农要求，合理确定利率水平。 （3）贷款期限。依据贷款项目生产周期、销售周期及还款能力等因素确定。 （4）还款方式包括到期利随本清法（1年以上贷款原则上不得采用）、分期还本付息法、分期还息到期还本法等。 （5）担保方式包括信用担保、抵押担保、质押担保、保证担保、组合担保。 （6）贷款额度。依据借款人生产经营状况、偿债能力、贷款需求、信用状况及担保方式等因素确定。

典型真题

【单选题】农户贷款中的农户包括（　　）、国有农场的职工和农村个体工商户。

A. 长期居住在乡镇和城关镇所辖行政村的住户

B. 在乡镇和城关镇所辖行政村工作不满1年的农民

C. 长期在乡镇和城关镇所辖行政村工作的农民

D. 在乡镇和城关镇所辖行政村居住不满1年的住户

【答案】A【解析】农户是指长期居住在乡镇和城关镇所辖行政村的住户、国有农场的职工和农村个体工商户。

【多选题】农户申请贷款应当具备的条件有（　　）。

A. 贷款用途明确合法

B. 在金融机构开立结算账户

C. 借款人具备还款意愿和还款能力

D. 借款人仅为农村个体工商户或国有农场职工

E. 借款人无重大信用不良记录

【答案】ABCE【解析】由教材知识点可知，选项A、选项B、选项C、选项E均属于农户申请贷款应当具备的条件。选项D，借款人还可以是长期居住在乡镇和城关镇所辖行政村的住户。

解读1 本考点在考试中一般为综合考查，考生在复习时要熟悉关于各流程的具体规定。

（二）农户贷款的流程^{解读1}

流程	内容
受理与调查	（1）受理。金融机构应当要求农户以书面形式提出贷款申请，并提供能证明其符合贷款条件的相关资料。 （2）贷前调查。对贷款申请内容和相关情况的真实性、准确性、完整性进行调查核实，对信用状况、风险、收益进行评价，形成调查评价意见。 【提示】贷前调查包括但不限于下列内容。 ①借款人（户）基本情况。 ②借款户收入支出与资产、负债等情况。 ③借款人（户）信用状况。 ④借款用途及预期风险收益情况。 ⑤借款人还款来源、还款能力、还款意愿及还款方式。 ⑥保证人担保意愿、担保能力或抵（质）押物价值及变现能力。 ⑦借款人、保证人的个人信用信息基础数据库查询情况。
审查与审批	（1）贷中审查。对贷款调查内容的合规性和完备性进行全面审查，重点关注贷前调查尽职情况、申请材料完备性和借款人的偿还能力、诚信状况、担保情况、抵（质）押及经营风险等。 （2）审批。金融机构应当遵循审慎性与效率原则，建立完善独立审批制度，完善农户信贷审批授权，根据业务职能部门和分支机构的经营管理水平及风险控制能力等，实行逐级差别化授权。
发放与支付	（1）发放。金融机构应当遵循审贷与放贷分离的原则，加强对贷款的发放管理，设立独立的放款管理部门或岗位，负责落实放款条件，对满足约定条件的借款人发放贷款。 （2）支付。鼓励采用贷款人受托支付方式向借款人交易对象进行支付。 ①有下列情形之一的农户贷款，经金融机构同意可以采取借款人自主支付：农户生产经营贷款且金额不超过50万元人民币，或用于农副产品收购等无法确定交易对象的；农户消费贷款且金额不超过30万元人民币；借款人交易对象不具备有效使用非现金结算条件的；法律法规规定的其他情形。 ②采用借款人自主支付的^{解读2}，金融机构应当与借款人在借款合同中明确约定；金融机构应当通过账户分析或现场调查等方式，核查贷款使用是否符合约定用途。

解读2 贷款采取自主支付方式发放时，必须将款项转入指定的借款人结算账户，严禁以现金方式发放贷款，确保资金发放给真实借款人。贷款发放后，应通过凭证查验、实地调查、电话核查、资金流向分析等多种方式，加强对借款人贷款资金使用情况的监控。

续 表

流程	内容
贷后管理	（1）金融机构应当建立贷后定期或不定期检查制度，明确首贷检查期限，采取实地检查、电话访谈、检查结算账户交易记录等多种方式，对贷款资金使用、借款人信用及担保情况变化等进行跟踪检查和监控分析，确保贷款资金安全。 （2）金融机构贷后管理中应当着重排查防范假名、冒名、借名贷款，包括建立贷款本息独立对账制度、不定期重点检（抽）查制度以及至少2年一次的全面交叉核查制度。 （3）金融机构风险管理部门、审计部门应当对分支机构贷后管理情况进行检查。 （4）对于因自然灾害、农产品价格波动等客观原因造成借款人无法按原定期限正常还款的，由借款人申请，经农村金融机构同意，可以对还款意愿良好、预期现金流量充分、具备还款能力的农户贷款进行合理展期，展期时间结合生产恢复时间确定。 【提示】已展期贷款不得再次展期，展期贷款最高列入关注类进行管理。 （5）对于未按照借款合同约定收回的贷款，应当采取措施进行清收，也可以在利息还清、本金部分偿还、原有担保措施不弱化等情况下协议重组。 （6）金融机构要建立优质农户与诚信客户正向激励制度，对按期还款、信用良好的借款人采取优惠利率、利息返还、信用累积奖励等方式，促进信用环境不断改善。

二、两权抵押贷款（掌握）

真考解读 属于常考点，一般会考1道题。

项目	内容
概念	（1）农村承包土地的经营权抵押贷款是指以承包土地的经营权做抵押、由银行业金融机构向符合条件的承包方农户或农业经营主体发放的、在约定期限内还本付息的贷款。 （2）农民住房财产权抵押贷款是指在不改变宅基地所有权性质的前提下，以农民住房所有权及所占宅基地使用权作为抵押、由银行业金融机构向符合条件的农民住房所有人发放的、在约定期限内还本付息的贷款。
主要内容	（1）农村承包土地的经营权抵押贷款。

续 表

项目	内容
主要内容	①通过家庭承包方式取得土地承包经营权的农户以其获得的土地经营权作为抵押申请贷款的,应同时符合以下条件:用于抵押的承包土地没有权属争议;依法拥有县级以上人民政府或政府有关主管部门颁发的土地承包经营权证;承包方已明确告知发包方承包土地的抵押事宜。 ②通过合法流转方式获得承包土地的经营权的农业经营主体申请贷款的,应同时符合以下条件:用于抵押的承包土地没有权属争议;已经与承包方或者经承包方书面委托的组织或个人签订了合法有效的经营权流转合同,或依流转合同取得了土地经营权权属确认证明,并已按合同约定方式支付了土地租金;承包方同意承包土地的经营权可用于抵押及合法再流转;承包方已明确告知发包方承包土地的抵押事宜。 (2)农民住房财产权抵押贷款。借款人以农民住房所有权及所占宅基地使用权作为抵押申请贷款的,应同时符合以下条件: ①用于抵押的房屋所有权及宅基地使用权没有权属争议,依法拥有政府有关主管部门颁发的权属证明,未列入征地拆迁范围。 ②除用于抵押的农民住房外,借款人应有其他长期稳定居住场所,并能够提供相关证明材料。 ③所在的集体经济组织书面同意宅基地使用权随农民住房一并抵押及处置。 ④以共有农民住房抵押的,还应当取得其他共有人的书面同意。 ⑤具有完全民事行为能力,无不良信用记录。

✏️ **章节练习**

一、**单选题**（以下各小题所给出的四个选项中,只有一项符合题目要求,请选择相应选项,不选、错选均不得分)

1. 银行一般要求个人商用房贷款客户需要满足的基本条件不包括(　　)。

   A. 具有稳定的收入来源和按时足额偿还贷款本息的能力

   B. 客户能够提供银行认可的抵(质)押物或保证人作为担保

   C. 具有合法有效的身份证明(居民身份证、户口簿或其他有效身份证明)及婚姻状况证明等

   D. 具有完全民事行为能力的自然人,年龄在18(含)~65周岁(不含)

2. 下列关于个人质押贷款操作流程的说法中，错误的是（　　）。

    A. 个人经营贷款调查由贷款经办行负责，贷款实行双人调查和见客谈话制度

    B. 信贷管理部门负责贷后监测、检查及对贷款经办行贷后管理工作的组织和督导

    C. 对于借款人无法事先确定具体交易对象且金额不超过 50 万元人民币的个人贷款，经贷款人同意可以采取借款人自主支付方式

    D. 个人经营贷款资金应按借款合同约定用途向借款人的交易对象支付

3. 一手商用房按揭楼盘准入与一手住房按揭楼盘准入相比，更注重（　　）工作。

    A. 开发商资质和信用状况调查　　　　B. 楼盘市场前景分析

    C. 项目合法性调查　　　　　　　　　D. 施工进展情况调查

二、多选题（以下各小题所给出的五个选项中，有两项或两项以上符合题目的要求，请选择相应选项，多选、少选、错选均不得分）

1. 下列关于个人经营贷款的表述中，正确的有（　　）。

    A. 采取抵押担保的，贷款人应当与抵押人（或其代理人）到房产所在地的房地产登记机关或土地登记机关办理抵押登记，取得房屋他项权证或其他证明文件

    B. 个人经营贷款可以用于生产经营流动资金、装修店面、购置商铺厂房以及机械设备、股权性投资等合理用途

    C. 采取抵押担保的，贷款期限不得超过抵押房产剩余的土地使用权年限

    D. 采取质押担保方式且期限在 1 年以内的，可采用到期一次性还本付息的还款方式

    E. 抵押房产或土地应由银行确定的评估公司进行评估定价，也可由符合银行规定的相关资格的内部评估人员进行价值评估

2. 农户贷款中的"农户"是指（　　）。

    A. 长期居住在乡镇所辖行政村的住户

    B. 长期居住在城关镇所辖行政村的住户

    C. 国有农场的职工

    D. 农村个体工商户

    E. 民营农场的职工

3. 农户联保贷款利率及结息方式在适当优惠的前提下，根据小组成员的（　　）等情况与借款人协商确定。

    A. 农户贷款资金　　　　　　　　　　B. 管理成本

    C. 风险水平　　　　　　　　　　　　D. 合理回报

    E. 贷款风险

三、判断题（请对以下各项描述做出判断，正确的为 A，错误的为 B）

    个人经营贷款信用风险的主要内容包括借款人还款能力发生变化、借款人还款意愿下降、保证人担保能力变化、抵押物价值变化等。（　　）

    A. 正确　　　　　　　　　　　　　　B. 错误

➡ **答案详解**

一、单选题

1. B【解析】根据教材知识点可知，选项B不属于银行一般要求个人商用房贷款客户需要满足的基本条件。

2. C【解析】经贷款人同意，可以采取借款人自主支付方式的包括：①借款人无法事先确定具体交易对象且金额不超过30万元人民币的个人贷款；②贷款资金用于生产经营且金额不超过50万元人民币的个人贷款。故选项C说法错误。

3. B【解析】商用房主要是用于盈利的经营性房屋，因此要重点调查借款人所购商用房所在商业地段繁华程度以及其他商用房出租情况、租金收入情况，同时也要调查了解该地段的未来发展规划，如是否会出现大的拆迁变动、经济发展重心转移等情况。

二、多选题

1. ACDE【解析】个人经营贷款不能以任何形式流入证券市场、期货市场和用于股本权益性投资、房地产项目开发，故选项B表述错误。

2. ABCD【解析】农户是指长期居住在乡镇和城关镇所辖行政村的住户、国有农场的职工和农村个体工商户。

3. ABCD【解析】农村金融机构应当综合考虑农户贷款资金及管理成本、贷款方式、风险水平、合理回报等要素以及农户生产经营利润率和支农惠农要求，合理确定利率水平。

三、判断题

A【解析】题干表述正确。

第六章　信用卡业务

🔍 **应试分析**

　　本章主要介绍了信用卡的基础知识。在历次考试中所占的分值较低，约为2分，题型以多选题为主，单选题和判断题也会有所涉及。本章内容较少，考生在复习时重点掌握信用卡业务与一般个人贷款业务的异同点，其他内容了解即可。

🏠 **思维导图**

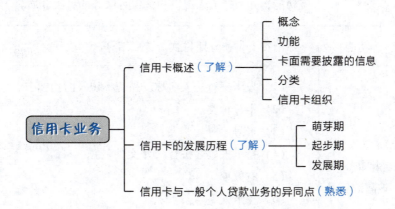

微信扫码关注
畅享在线做题

微信扫码关注
获取免费直播课

知识精讲

信用卡业务

视频讲解 微信扫描

真考解读 考查较少，考生了解即可。

一、信用卡概述（了解）

项目	内容
概念	信用卡是指记录持卡人账户相关信息，具备银行授信额度和透支功能，并为持卡人提供相关银行服务的各类介质。
功能	消费支付、分期付款、转账结算、存取现金等。
卡面需要披露的信息	（1）发卡银行法人名称、品牌标识及防伪标志。 （2）卡片种类。 （3）卡号。 （4）持卡人姓名拼音（外文姓名）。 （5）有效期。 （6）持卡人签名条。 （7）安全校验码。 （8）注意事项。 （9）客户服务电话及银行网址。
分类	（1）按照是否享受免息还款期（或是否向银行交存备用金）划分为贷记卡和准贷记卡**解读1**。 （2）按照发行对象划分为个人卡和单位卡（商务差旅卡、商务采购卡）。 （3）按照是否联名（认同）划分为联名（认同）卡和非联名（认同）卡。 （4）按照品牌划分为银联卡、威士卡、万事达卡、运通卡、JCB卡、大来卡、其他品牌卡。 （5）按照账户币种划分为人民币卡、双币卡、多币卡。 （6）按照信息载体划分为磁条卡、芯片卡、磁条芯片复合卡。 （7）按照卡片规格划分为标准卡和异型卡。 （8）按照是否有实体介质划分为实体卡和数字信用卡。

解读1 贷记卡：在信用额度内先消费、后还款的信用卡。准贷记卡：当备用金账户余额不足支付时，可在发卡银行规定的信用额度内透支的信用卡。

续　表

项目	内容
信用卡组织	（1）国际：威士国际组织（VISA International）和万事达卡国际组织（MasterCard International）两大组织及美国运通国际股份有限公司（American Express）、大来信用证有限公司（Diners Club）、JCB日本国际信用卡公司（Japan Credit Bureau）三家专业信用卡公司。 （2）国内：中国的信用卡组织——中国银联，成立于2002年3月。

二、信用卡的发展历程（了解）

项目	内容
萌芽期	（1）1979年12月，中国银行广州分行与东亚银行签署协议，代理其信用卡业务，这是中国银行业第一次开展银行卡业务。 （2）1985年3月，中国银行珠海分行发行了我国第一张银行卡，即中银卡，这是我国第一张自主品牌的银行卡，也是我国第一张信用卡。
起步期	（1）1993年全国金卡工程开始启动，1994—1996年，国有银行及股份制银行也纷纷加入发卡行列。 （2）1995年3月，广东发展银行发行了中国内地第一张真正意义上的国际标准信用卡，拉开中国信用卡与国际接轨的序幕。
发展期	（1）2002年5月17日，中国工商银行成立牡丹卡中心。 （2）2002年10月，招商银行成立信用卡中心。 （3）2002年12月18日，中国建设银行成立全国信用卡中心。

三、信用卡与一般个人贷款业务的异同点（熟悉）

项目	内容
相同点	信用卡业务与一般个人贷款业务有相同的业务属性，银行均依据贷款申请人资信状况给予一定的授信额度，借款人按照约定条件使用资金，并按照约定期限及金额还款，超出规定期限或还款金额不足时会造成逾期罚息或终止贷款并强制提前还款。

真考解读 考查较少，考生了解即可。

真考解读 考查相对较少，考生熟悉即可。重点关注信用卡业务与一般个人贷款业务在范围、手续费/利息以及用途这3个方面的不同。

续 表

项目	内容
不同点	信用卡业务与一般个人贷款业务的不同点如下。

项目	信用卡业务	一般个人贷款业务
币种	本外币一体。	本币为主。
范围	境内外均可使用。	限于境内使用。
免息还款期	有。	无。
手续费/利息	收取手续费，一般计入银行的中间业务收入，以费率计算。	收取利息，一般计入银行的利息收入，以利率计算。
用途	仅限消费使用，不可用于投资、房地产及生产经营等。	可按照规定将资金用于购房和生产经营，不可用于投资。

章节练习

一、**单选题**（以下各小题所给出的四个选项中，只有一项符合题目要求，请选择相应选项，不选、错选均不得分）

1. 信用卡按是否向发卡银行交存备用金分为（　　　）。

　A. 贷记卡和准贷记卡　　　　　　　　B. 联名（认同）卡和非联名（认同）卡

　C. 磁条卡、芯片卡和磁条芯片复合卡　　D. 实体卡和数字信用卡

2. 下列关于信用卡业务与一般个人贷款业务的异同点，说法错误的是（　　　）。

　A. 信用卡业务与一般个人贷款业务有相同的业务属性

　B. 信用卡作为主要支付工具之一，本外币一体，可以跨境使用；个人贷款业务一般以本币为主，限于境内使用

　C. 信用卡资金只允许消费使用

　D. 个人贷款资金可按照规定将资金用于购房、生产经营、投资领域等

二、**多选题**（以下各小题所给出的五个选项中，有两项或两项以上符合题目的要求，请选择相应选项，多选、少选、错选均不得分）

下列关于信用卡分类的表述中，错误的是（　　　）。

　A. 按照发行对象，可划分为个人消费卡和商务采购卡

　B. 按照信息载体，可划分为磁条卡和芯片卡

C. 按照是否享受免息还款期划分为贷记卡和准贷记卡

D. 按照账户币种划分为人民币卡和双币卡

E. 按照是否联名划分为联名卡和非联名卡

三、**判断题**（请对以下各项描述做出判断，正确的为 A，错误的为 B)

目前国际上主要有美国运通国际股份有限公司、大来信用证有限公司和中国银联三家专业信用卡公司。（　　　）

A. 正确

B. 错误

⇨ **答案详解**

一、**单选题**

1. A【解析】信用卡按是否向发卡银行交存备用金分为贷记卡和准贷记卡两类。

2. D【解析】个人贷款资金可按照规定将资金用于购房和生产经营，但不可用于投资领域。故选项 D 说法错误。

二、**多选题**

ABD【解析】信用卡按照发行对象，可划分为个人卡和单位卡，商务采购卡是单位卡下的细分类型，故选项 A 表述错误。按照信息载体，可划分为磁条卡、芯片卡、磁条芯片复合卡，故选项 B 表述错误。按照账户币种划分为人民币卡、双币卡和多币卡，故选项 D 表述错误。

三、**判断题**

B【解析】目前，在国际上主要有威士国际组织和万事达卡国际组织两大组织及美国运通国际股份有限公司、大来信用证有限公司、JCB 日本国际信用卡公司三家专业信用卡公司。

第七章　个人征信系统

🔍 **应试分析**

　　本章主要对个人征信系统进行概述，还介绍了个人征信系统的管理及应用。在历次考试中所占的分值不高，约为4分，题型包括单选题、多选题和判断题。重点是个人征信系统的概念与内容以及个人征信报告的基本内容。

🏠 **思维导图**

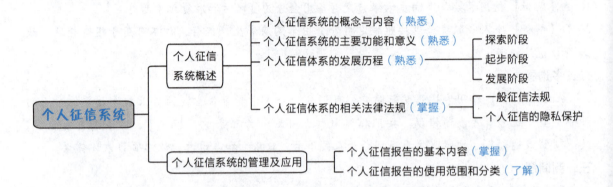

微信扫码关注
畅享在线做题

微信扫码关注
获取免费直播课

知识精讲

第一节　个人征信系统概述

视频讲解　微信扫描

一、个人征信系统的概念与内容（熟悉）

项目	要点
概念	（1）概念。个人征信系统又称个人信用信息基础数据库、金融信用信息基础数据库，**是我国社会信用体系的重要基础设施**，由中国人民银行组织各商业银行建立的个人信用信息共享平台，通过采集、整理、保存公民个人信用信息，为金融机构提供个人信用状况查询服务，为货币政策和金融监管提供信息服务。 （2）我国最大的个人征信数据库为中国人民银行建设并已投入使用的个人信用信息基础数据库。 ①该基础数据库首先依法采集和保存全国银行信贷信用信息，包括个人在商业银行的借款、抵押、担保数据及身份验证信息等，在此基础上扩大到保险、证券等领域。 ②该基础数据库首先向商业银行提供个人信用信息的查询服务，满足商业银行对信贷征信的需求；同时依法服务于其他部门的征信需要，并依法逐步向有合格资质的其他征信机构开放。 （3）个人征信系统数据的直接使用者包括商业银行、数据主体本人、金融监督管理机构及司法部门等其他政府机构。
内容	（1）个人基本信息包括个人身份、配偶身份、居住信息、职业信息。 （2）信贷信息包括银行信贷信用信息汇总，信用卡、准贷记卡及贷记卡汇总信息，贷款汇总信息，为他人贷款担保汇总信息，信用明细信息[解读1]。 （3）非银行信息包括个人参保及缴费信息、住房公积金信息、养路费、电信用户缴费等。 （4）百行征信有限公司以"最低、适用"原则采集个人信用信息，包括个人互联网借贷数据及个人身份识别信息等支持类信息。

典型真题

【单选题】我国个人征信系统（个人信用信息基础数据库）中的个人基本信息，包括个人身份、配偶身份、（　　）、职业信息等。

A. 投资信息　　　B. 居住信息　　　C. 资产信息　　　D. 房产信息

【答案】B　**【解析】**个人基本信息包括个人身份、配偶身份、居住信息、职业信息等。

真考解读考查相对较少，考生熟悉即可。

解读1信用明细信息：信用卡明细信息，信用卡最近24个月每个月的还款状态记录、贷款明细信息、为他人贷款担保明细信息等。

真考解读 考查相
对较少，考生熟
悉即可。

二、个人征信系统的主要功能和意义（熟悉）

功能	内容
主要功能	（1）社会功能。逐步形成诚实守信、遵纪守法、重合同讲信用的社会风气，推动社会信用体系建设，提高社会诚信水平，促进和谐社会建设。 （2）经济功能。帮助商业银行等金融机构控制信用风险，维护金融稳定，扩大信贷范围，提高经济运行效率，促进经济可持续发展。
意义	（1）个人征信系统的建立使商业银行在贷款审批中将查询个人信用报告作为必需的依据，从制度上有效控制信贷风险。 （2）个人征信系统的建立有助于商业银行准确判断个人贷款客户的还款能力。 （3）个人征信系统的发展，有助于激励借款人按时偿还债务。 （4）个人征信系统的建立有助于保护消费者利益，提高透明度。 （5）全国统一的个人征信系统有助于商业银行进行风险预警分析。 （6）个人征信系统的建立，为规范金融秩序，防范金融风险提供了有力保障。

三、个人征信体系的发展历程（熟悉）

真考解读 考查相
对较少，考生熟
悉即可。

阶段	内容
探索阶段	（1）20世纪80年代后期，中国人民银行批准成立了第一家信用评级公司——上海远东资信评估有限公司。 （2）1993年，专门从事企业征信的新华信国际信息咨询有限公司开始正式对外提供服务。
起步阶段	（1）我国的个人征信体系建设始于1999年，当年7月中国人民银行批准建立上海资信有限公司，试点个人征信。 （2）2000年6月，建成上海市个人信用联合征信服务系统。
发展阶段	（1）2002年3月，按照国务院要求，由中国人民银行牵头组成建立企业和个人征信体系的专题工作小组，负责提出全国企业和个人征信体系建设总体方案。 （2）2004年年初，中国人民银行开始组织商业银行建设全国集中

续 表

阶段	内容
发展阶段	统一的个人征信系统；同年年底，个人征信系统实现了15家全国性商业银行和8家城市商业银行在北京、重庆、西安、南宁、深圳、绵阳和湖州7个城市的成功联网试运行。 （3）2005年8月，个人征信系统已完成与全国所有商业银行和部分有条件的农村信用社的联网运行，并于2006年1月在全国联网运行。 （4）2011年2月，中国人民银行征信中心正式启动了征信系统二代建设，成立了二代建设领导小组，专职负责二代建设工作。

典型真题

【单选题】为实现征信系统的技术升级、产品升级和服务升级，中国人民银行征信中心于（　　）年正式启动了征信系统二代建设，成立了二代建设领导小组，专职负责二代建设工作。

A. 2010　　　　　　　　　　B. 2012

C. 2011　　　　　　　　　　D. 2013

【答案】C【解析】中国人民银行征信中心于2011年2月正式启动了征信系统二代建设，成立了二代建设领导小组，专职负责二代建设工作。

四、个人征信体系的相关法律法规（掌握）

真考解读 属于常考点，一般会考1道题。

项目	内容	
一般征信法规	（1）发布实施《征信业管理条例》和《征信机构管理办法》。	
	项目	内容
	《征信业管理条例》	①实施时间：2013年3月。 ②规定的内容：征信机构的设立条件和程序、征信业务的基本规则、征信信息主体的权益，金融信用信息基础数据库的法律地位及运营规则，征信业的监管体制和法律责任等。 ③意义：有利于加强对征信市场的管理，规范征信机构、信息提供者和信息使用者的行为，保护信息主体权益；有利于发挥市场机制的作用，推进社会信用体系建设。

项目	内容

续　表

项目	内容
《征信机构管理办法》	①实施时间：2013 年 12 月。 ②规定的内容：机构的设立、变更与终止，高级任职人员管理，监督管理等。 ③意义：对促进征信机构规范运行、保护信息主体合法权益等具有重要意义。
一般征信法规	（2）建立金融信用信息基础数据库管理制度。 ①发布时间：2005 年。 ②规定的内容如下。 　　第一，明确个人信用数据库是中国人民银行组织商业银行建立的全国统一的个人信用信息共享平台，其目的是防范和降低商业银行信用风险，维护金融稳定，促进个人消费信贷业务的发展。 　　第二，规定了个人信用信息保密原则，规定商业银行、征信服务中心应当建立严格的内控制度和操作规程，保障个人信用信息的安全。 　　第三，规定了个人信用数据库采集个人信用信息的范围和方式、数据库的使用用途、个人获取本人信用报告的途径和异议处理方式。 　　第四，规定了个人信用信息的客观性原则，即个人信用数据库采集的信息是个人信用交易的原始记录，商业银行和征信服务中心不增加任何主观判断等。
个人征信的隐私保护解读 2	（1）为了保证个人信用信息的合法使用，保护个人的合法权益，中国人民银行制定颁布了《征信业管理条例》《个人信用信息基础数据库管理暂行办法》《个人信用信息基础数据库金融机构用户管理办法》《个人信用信息基础数据库异议处理规程》等法规，采取了授权查询、限定用途、保障安全、查询记录、违规处罚等措施，保护个人隐私和信息安全。 　　【提示】商业银行只能经当事人书面（电子）授权，在审核个人贷款、信用卡申请或审核是否接受个人作为担保人等个人信贷业务以及对已发放的个人贷款及信用卡进行信用风险跟踪管理时，才能查询个人信用信息基础数据库。 　　（2）个人信用信息基础数据库对查看信用报告的商业银行信贷人员（即数据库用户）进行管理，每个用户在进入该系统时都要登记注册，而且计算机系统会自动追踪和记录每个用户对每笔信用报告的查询操作。商业银行如果违反规定查询个人的信用报告或将查询结果用于规定范围之外的其他目的，将被责令改正，并处以经济处罚；涉嫌犯罪的，将依法移交司法机关处理。

解读 2 个人征信隐私保护的相关内容在考试中容易考查，考生在复习时要多加关注。

典型真题

【单选题】为加强对个人隐私的保护，中国人民银行对个人征信系统的安全管理采取的措施不包括（　　）。

A. 限定用途　　　　　　　　B. 违规处罚

C. 分级管理　　　　　　　　D. 查询记录

【答案】C【解析】由教材知识点可知，只有选项 C 不属于中国人民银行对个人征信系统的安全管理采取的措施。

【判断题】个人征信系统可以查询到个人的信用情况，个人或银行可随时进行查询。（　　）

A. 正确　　　　　　　　　　B. 错误

【答案】B【解析】商业银行只能经当事人书面（电子）授权，在审核个人贷款、信用卡申请或审核是否接受个人作为担保人等个人信贷业务，以及对已发放的个人贷款及信用卡进行信用风险跟踪管理时，才能查询个人信用信息基础数据库。题干表述错误。

第二节　个人征信系统的管理及应用

一、个人征信报告的基本内容（掌握）

真考解读 属于常考点，一般会考 1 道题。

项目	内容
基本内容	（1）个人基本信息包括身份信息、婚姻信息、居住信息、职业信息等内容。 （2）银行信贷交易信息是客户在各商业银行或者其他授信机构办理的贷款、信用卡等交易的明细和汇总信息。 （3）公共信息是个人征信系统从其他部门采集的、可以反映客户各方面情况的信息。 （4）本人声明是客户本人对信用报告中某些无法核实的异议所做的说明。 （5）异议标注是征信中心异议处理人员针对信用报告中异议信息所做的标注或因技术原因无法及时对异议事项进行更正时所做的特别说明。 （6）查询历史信息是展示何机构或何人在何时以何种理由查询过该人的信用报告。

典型真题

【单选题】（　　）是客户本人对信用报告中某些无法核实的异议所做的说明。

A. 异议说明　　　B. 异议标注　　　C. 个人征信报告　D. 本人声明

【答案】D【解析】本人声明是客户本人对信用报告中某些无法核实的异议所做的说明。

真考解读 考查较少，考生了解即可。

二、个人征信报告的使用范围和分类（了解）

项目	内容
使用范围	仅限于商业银行、依法办理信贷的金融机构（主要是住房公积金管理中心、财务公司、汽车金融公司、小额信贷公司等）和中国人民银行，消费者也可以在中国人民银行征信中心获取自己的信用报告。
分类	根据使用对象的不同，个人征信系统提供不同版式的个人信用报告，包括银行版、个人查询版和征信中心内部版三种版式，分别服务于商业银行类金融机构、消费者和中国人民银行。

章节练习

练习更多 微信扫描

一、单选题（以下各小题所给出的四个选项中，只有一项符合题目要求，请选择相应选项，不选、错选均不得分）

1. 我国最大的个人征信数据库为（　　）。

A. 中国人民银行建立的个人信用信息基础数据库系统

B. 中国银行业协会建立的个人数据库系统

C. 中华人民共和国财政部建立的个人征信系统

D. 国务院银行业监督管理机构建立的个人企业基础数据库系统

2. 下列关于个人信用信息基础数据库查询规定的说法中，错误的是（　　）。

A. 个人获得自己的信用报告之后，可以根据其意愿提供给其他机构

B. 个人可通过书面申请授权给其他机构或个人对自己的信息进行查询

C. 我国个人征信系统由政府出资建设管理，原则上不收费

D. 个人查询可以到当地中国人民银行征信中心或当地的分中心提出书面查询申请

二、多选题（以下各小题所给出的五个选项中，有两项或两项以上符合题目的要求，请选择相应选项，多选、少选、错选均不得分）

1. 目前，个人征信系统数据的直接使用者包括（　　）。

A. 商业银行　　　　　　　　　　　　B. 数据主体本人

C. 金融监督管理机构　　　　　　　D. 司法部门

E. 数据主体本人所在的工作单位

2. 为了保证个人信用信息的合法使用，保护个人的合法权益，中国人民银行采取了（　　）等措施，保护个人隐私和信息安全。

A. 授权查询　　　　B. 限定用途　　　　C. 保障安全

D. 违规处罚　　　　E. 查询记录

3. 根据个人信用信息基础数据库保密和保护个人隐私管理要求，商业银行必须对信贷人员（即数据库用户）进行管理，措施主要有（　　）。

A. 禁止商业银行违反规定查询个人的信用报告

B. 每一个用户在进入系统时都要登记注册

C. 禁止商业银行将查询结果用于规定范围之外的其他目的

D. 计算机系统对违规操作自动报告并关闭

E. 计算机系统记录每一个用户对每一笔信用报告的查询操作

三、判断题（请对以下各项描述做出判断，正确的为 A，错误的为 B）

个人征信系统的功能分为社会功能和经济功能。（　　）

A. 正确　　　　　　　　　　　　　　B. 错误

➡ 答案详解

一、单选题

1. A【解析】我国最大的个人征信数据库是中国人民银行建设并已投入使用的个人信用信息基础数据库系统，该基础数据库首先依法采集和保存全国银行信贷信用信息，其中主要包括个人在商业银行的借款、抵押、担保数据及身份验证信息。

2. C【解析】个人信用信息基础数据库是由中国人民银行组织各商业银行建立的个人信用信息共享平台。在信用报告查询收费的相关管理制度出台以前，查询部门提供信用报告查询服务时暂不收费。故选项 C 说法错误。

二、多选题

1. ABCD【解析】个人征信系统数据的直接使用者包括商业银行、数据主体本人、金融监督管理机构以及司法部门等其他政府机构。

2. ABCDE【解析】中国人民银行采取了授权查询、限定用途、保障安全、查询记录、违规处罚等措施，保护个人隐私和信息安全。

3. ABCE【解析】根据教材知识点可知，选项 D 不符合题意。

三、判断题

A【解析】题干表述正确。

附录　个人贷款的相关法律

一、《民法典》（重点掌握）

（一）民事活动的原则

（1）民事主体在民事活动中的法律地位一律平等。

（2）民事主体从事民事活动，应当遵循自愿、公平、诚信原则，不得违反法律，不得违背公序良俗，应当有利于节约资源、保护生态环境。

（二）代理

项目	内容
一般规定	（1）民事主体可以通过代理人实施民事法律行为。 （2）依照法律规定、当事人约定或者民事法律行为的性质，应当由本人亲自实施的民事法律行为，不得代理。 （3）代理人在代理权限内，以被代理人名义实施的民事法律行为，对被代理人发生效力。 （4）代理人不履行或者不完全履行职责，造成被代理人损害的，应当承担民事责任。 （5）代理人和相对人恶意串通，损害被代理人合法权益的，代理人和相对人应当承担连带责任。
分类	代理包括委托代理和法定代理。 （1）委托代理人按照被代理人的委托行使代理权。 （2）法定代理人依照法律的规定行使代理权。
委托代理	（1）委托代理授权采用书面形式的，授权委托书应当载明代理人的姓名或者名称、代理事项、权限和期限，并由被代理人签名或者盖章。 （2）数人为同一代理事项的代理人的，应当共同行使代理权，但是当事人另有约定的除外。 （3）代理人知道或者应当知道代理事项违法仍然实施代理行为，或者被代理人知道或者应当知道代理人的代理行为违法未作反对表示的，被代理人和代理人应当承担连带责任。

续 表

项目	内容
委托代理	（4）代理人不得以被代理人的名义与自己实施民事法律行为，但是被代理人同意或者追认的除外。代理人不得以被代理人的名义与自己同时代理的其他人实施民事法律行为，但是被代理的双方同意或者追认的除外。 （5）代理人需要转委托第三人代理的，应当取得被代理人的同意或者追认。转委托代理经被代理人同意或者追认的，被代理人可以就代理事务直接指示转委托的第三人，代理人仅就第三人的选任以及对第三人的指示承担责任。转委托代理未经被代理人同意或者追认的，代理人应当对转委托的第三人的行为承担责任；但是，在紧急情况下代理人为了维护被代理人的利益需要转委托第三人代理的除外。 （6）执行法人或者非法人组织工作任务的人员，就其职权范围内的事项，以法人或者非法人组织的名义实施的民事法律行为，对法人或者非法人组织发生效力。法人或者非法人组织对执行其工作任务的人员职权范围的限制，不得对抗善意相对人。 （7）行为人没有代理权、超越代理权或者代理权终止后，仍然实施代理行为，未经被代理人追认的，对被代理人不发生效力。 ①相对人可以催告被代理人自收到通知之日起 30 日内予以追认。被代理人未作表示的，视为拒绝追认。行为人实施的行为被追认前，善意相对人有撤销的权利。撤销应当以通知的方式作出。 ②行为人实施的行为未被追认的，善意相对人有权请求行为人履行债务或者就其受到的损害请求行为人赔偿。但是，赔偿的范围不得超过被代理人追认时相对人所能获得的利益。 ③相对人知道或者应当知道行为人无权代理的，相对人和行为人按照各自的过错承担责任。 （8）行为人没有代理权、超越代理权或者代理权终止后，仍然实施代理行为，相对人有理由相信行为人有代理权的，代理行为有效。
代理终止	（1）有下列情形之一的，委托代理终止。 ①代理期限届满或者代理事务完成。 ②被代理人取消委托或者代理人辞去委托。 ③代理人丧失民事行为能力。 ④代理人或者被代理人死亡。

项目	内容
代理终止	⑤作为代理人或者被代理人的法人、非法人组织终止。 （2）被代理人死亡后，有下列情形之一的，委托代理人实施的代理行为有效。 ①代理人不知道且不应当知道被代理人死亡。 ②被代理人的继承人予以承认。 ③授权中明确代理权在代理事务完成时终止。 ④被代理人死亡前已经实施，为了被代理人的继承人的利益继续代理。 作为被代理人的法人、非法人组织终止的，参照适用前款规定。 （3）有下列情形之一的，法定代理终止。 ①被代理人取得或者恢复完全民事行为能力。 ②代理人丧失民事行为能力。 ③代理人或者被代理人死亡。 ④法律规定的其他情形。

典型真题

【单选题】下列选项中，会导致委托代理终止的情形是（　　）。

A. 指定代理的人民法院或者指定单位取消指定

B. 由其他原因引起的被代理人和代理人之间的监护关系消灭

C. 被代理人取得或者恢复民事行为能力

D. 作为代理人或者被代理人的法人终止

【答案】D【解析】有下列情形之一的，委托代理终止：①代理期限届满或者代理事务完成；②被代理人取消委托或者代理人辞去委托；③代理人丧失民事行为能力；④代理人或者被代理人死亡；⑤作为代理人或者被代理人的法人、非法人组织终止。

（三）物权

1. 通则

项目	内容
一般规定	（1）国家坚持和完善公有制为主体、多种所有制经济共同发展，按劳分配为主体、多种分配方式并存，社会主义市场经济体制等社会主义基本经济制度。国家巩固和发展公有制经济，鼓励、支持和引导非公有制经济的发展。国家实行社会主义市场经济，保障一切市场主体的平等法律地位和发展权利。

续　表

项目	内容
一般规定	（2）国家、集体、私人的物权和其他权利人的物权受法律平等保护，任何组织或者个人不得侵犯。 （3）不动产物权的设立、变更、转让和消灭，应当依照法律规定登记。动产物权的设立和转让，应当依照法律规定交付。
不动产登记	（1）不动产物权的设立、变更、转让和消灭，经依法登记，发生效力；未经登记，不发生效力，但是法律另有规定的除外。依法属于国家所有的自然资源，所有权可以不登记。 （2）不动产登记，由不动产所在地的登记机构办理。国家对不动产实行统一登记制度。统一登记的范围、登记机构和登记办法，由法律、行政法规规定。 （3）当事人申请登记，应当根据不同登记事项提供权属证明和不动产界址、面积等必要材料。 （4）登记机构应当履行下列职责：①查验申请人提供的权属证明和其他必要材料；②就有关登记事项询问申请人；③如实、及时登记有关事项；④法律、行政法规规定的其他职责。 （5）登记机构不得有下列行为：①要求对不动产进行评估；②以年检等名义进行重复登记；③超出登记职责范围的其他行为。 （6）不动产物权的设立、变更、转让和消灭，依照法律规定应当登记的，自记载于不动产登记簿时发生效力。 （7）当事人之间订立有关设立、变更、转让和消灭不动产物权的合同，除法律另有规定或者当事人另有约定外，自合同成立时生效；未办理物权登记的，不影响合同效力。 （8）不动产权属证书是权利人享有该不动产物权的证明。不动产权属证书记载的事项，应当与不动产登记簿一致；记载不一致的，除有证据证明不动产登记簿确有错误外，以不动产登记簿为准。 （9）当事人签订买卖房屋的协议或者签订其他不动产物权的协议，为保障将来实现物权，按照约定可以向登记机构申请预告登记。预告登记后，未经预告登记的权利人同意，处分该不动产的，不发生物权效力。预告登记后，债权消灭或者自能够进行不动产登记之日起 90 日内未申请登记的，预告登记失效。 （10）当事人提供虚假材料申请登记，造成他人损害的，应当承担赔偿责任。因登记错误，造成他人损害的，登记机构应当承担赔偿责任。登记机构赔偿后，可以向造成登记错误的人追偿。

项目	内容
不动产 登记	（11）不动产登记费按件收取，不得按照不动产的面积、体积或者价款的比例收取。
动产交付	（1）动产物权的设立和转让，自交付时发生效力，但是法律另有规定的除外。 （2）船舶、航空器和机动车等的物权的设立、变更、转让和消灭，未经登记，不得对抗善意第三人。 （3）动产物权设立和转让前，权利人已经占有该动产的，物权自民事法律行为生效时发生效力。 （4）动产物权设立和转让前，第三人占有该动产的，负有交付义务的人可以通过转让请求第三人返还原物的权利代替交付。 （5）动产物权转让时，当事人又约定由出让人继续占有该动产的，物权自该约定生效时发生效力。
物权的 保护	（1）物权受到侵害的，权利人可以通过和解、调解、仲裁、诉讼等途径解决。 （2）因物权的归属、内容发生争议的，利害关系人可以请求确认权利。 （3）无权占有不动产或者动产的，权利人可以请求返还原物。 （4）妨害物权或者可能妨害物权的，权利人可以请求排除妨害或者消除危险。 （5）造成不动产或者动产毁损的，权利人可以依法请求修理、重作、更换或者恢复原状。 （6）侵害物权，造成权利人损害的，权利人可以依法请求损害赔偿，也可以依法请求承担其他民事责任。

2．担保物权

项目	内容
一般规定	（1）债权人在借贷、买卖等民事活动中，为保障实现其债权，需要担保的，可以依照《民法典》和其他法律的规定设立担保物权。 （2）设立担保物权，应当依照《民法典》和其他法律的规定订立担保合同。担保合同包括抵押合同、质押合同和其他具有担保功能的合同。担保合同是主债权债务合同的从合同。主债权债务合同无效的，担保合同无效，但是法律另有规定的除外。 担保合同被确认无效后，债务人、担保人、债权人有过错的，应当根据其过错各自承担相应的民事责任。

续 表

项目	内容
一般规定	（3）担保物权的担保范围包括主债权及其利息、违约金、损害赔偿金、保管担保财产和实现担保物权的费用。当事人另有约定的，按照其约定。 （4）担保期间，担保财产毁损、灭失或者被征收等，担保物权人可以就获得的保险金、赔偿金或者补偿金等优先受偿。被担保债权的履行期限未届满的，也可以提存该保险金、赔偿金或者补偿金等。 （5）第三人提供担保，未经其书面同意，债权人允许债务人转移全部或者部分债务的，担保人不再承担相应的担保责任。 （6）被担保的债权既有物的担保又有人的担保的，债务人不履行到期债务或者发生当事人约定的实现担保物权的情形，债权人应当按照约定实现债权；没有约定或者约定不明确，债务人自己提供物的担保的，债权人应当先就该物的担保实现债权；第三人提供物的担保的，债权人可以就物的担保实现债权，也可以请求保证人承担保证责任。提供担保的第三人承担担保责任后，有权向债务人追偿。 （7）有下列情形之一的，担保物权消灭：①主债权消灭；②担保物权实现；③债权人放弃担保物权；④法律规定担保物权消灭的其他情形。
抵押权 解读1	（1）债务人或者第三人有权处分的下列财产可以抵押：①建筑物和其他土地附着物；②建设用地使用权；③海域使用权；④生产设备、原材料、半成品、产品；⑤正在建造的建筑物、船舶、航空器；⑥交通运输工具；⑦法律、行政法规未禁止抵押的其他财产。 （2）下列财产不得抵押：①土地所有权；②宅基地、自留地、自留山等集体所有土地的使用权，但是法律规定可以抵押的除外；③学校、幼儿园、医疗机构等为公益目的成立的非营利法人的教育设施、医疗卫生设施和其他公益设施；④所有权、使用权不明或者有争议的财产；⑤依法被查封、扣押、监管的财产；⑥法律、行政法规规定不得抵押的其他财产。 （3）设立抵押权，当事人应当采用书面形式订立抵押合同。抵押合同一般包括下列条款：①被担保债权的种类和数额；②债务人履行债务的期限；③抵押财产的名称、数量等情况；④担保的范围。 （4）抵押权人在债务履行期限届满前，与抵押人约定债务人不履行到期债务时抵押财产归债权人所有的，只能依法就抵押财产优先受偿。

解读1 必考点：可以抵押和不得抵押的财产。

项目	内容
抵押权	（5）以动产抵押的，抵押权自抵押合同生效时设立；未经登记，不得对抗善意第三人。以动产抵押的，不得对抗正常经营活动中已经支付合理价款并取得抵押财产的买受人。抵押权设立前，抵押财产已经出租并转移占有的，原租赁关系不受该抵押权的影响。 （6）抵押期间，抵押人可以转让抵押财产。当事人另有约定的，按照其约定。抵押财产转让的，抵押权不受影响。抵押人转让抵押财产的，应当及时通知抵押权人。抵押权人能够证明抵押财产转让可能损害抵押权的，可以请求抵押人将转让所得的价款向抵押权人提前清偿债务或者提存。转让的价款超过债权数额的部分归抵押人所有，不足部分由债务人清偿。 （7）抵押权不得与债权分离而单独转让或者作为其他债权的担保。债权转让的，担保该债权的抵押权一并转让，但是法律另有规定或者当事人另有约定的除外。
质权	（1）动产质权。 ①法律、行政法规禁止转让的动产不得出质。 ②设立质权，当事人应当采用书面形式订立质押合同。质押合同一般包括下列条款：被担保债权的种类和数额；债务人履行债务的期限；质押财产的名称、数量等情况；担保的范围；质押财产交付的时间、方式。 ③质权人在债务履行期限届满前，与出质人约定债务人不履行到期债务时质押财产归债权人所有的，只能依法就质押财产优先受偿。 ④质权自出质人交付质押财产时设立。 ⑤质权人有权收取质押财产的孳息，但是合同另有约定的除外。前款规定的孳息应当先充抵收取孳息的费用。 ⑥质权人在质权存续期间，未经出质人同意，擅自使用、处分质押财产，造成出质人损害的，应当承担赔偿责任。 （2）权利质权。 ①债务人或者第三人有权处分的下列权利可以出质：汇票、本票、支票；债券、存款单；仓单、提单；可以转让的基金份额、股权；可以转让的注册商标专用权、专利权、著作权等知识产权中的财产权；现有的以及将有的应收账款；法律、行政法规规定可以出质的其他财产权利。

续 表

项目	内容
质权^{解读2}	②以汇票、本票、支票、债券、存款单、仓单、提单出质的，质权自权利凭证交付质权人时设立；没有权利凭证的，质权自办理出质登记时设立。法律另有规定的，依照其规定。 ③汇票、本票、支票、债券、存款单、仓单、提单的兑现日期或者提货日期先于主债权到期的，质权人可以兑现或者提货，并与出质人协议将兑现的价款或者提取的货物提前清偿债务或者提存。 ④以基金份额、股权出质的，质权自办理出质登记时设立。基金份额、股权出质后，不得转让，但是出质人与质权人协商同意的除外。出质人转让基金份额、股权所得的价款，应当向质权人提前清偿债务或者提存。
留置权	（1）债务人不履行到期债务，债权人可以留置已经合法占有的债务人的动产，并有权就该动产优先受偿。 （2）债权人留置的动产，应当与债权属于同一法律关系，但是企业之间留置的除外。 （3）留置财产为可分物的，留置财产的价值应当相当于债务的金额。 （4）留置权人负有妥善保管留置财产的义务；因保管不善致使留置财产毁损、灭失的，应当承担赔偿责任。 （5）留置权人有权收取留置财产的孳息。 （6）留置权人与债务人应当约定留置财产后的债务履行期限；没有约定或者约定不明确的，留置权人应当给债务人60日以上履行债务的期限，但是鲜活易腐等不易保管的动产除外。债务人逾期未履行的，留置权人可以与债务人协议以留置财产折价，也可以就拍卖、变卖留置财产所得的价款优先受偿。 （7）债务人可以请求留置权人在债务履行期限届满后行使留置权；留置权人不行使的，债务人可以请求人民法院拍卖、变卖留置财产。 （8）留置财产折价或者拍卖、变卖后，其价款超过债权数额的部分归债务人所有，不足部分由债务人清偿。 （9）同一动产上已经设立抵押权或者质权，该动产又被留置的，留置权人优先受偿。 （10）留置权人对留置财产丧失占有或者留置权人接受债务人另行提供担保的，留置权消灭。

解读2 常 考 点：可以出质的权利。

典型真题

【单选题】根据《民法典》的规定，债务人或者第三人有权处分的权利中，不可以出质的是（   ）。

A. 仓单、提单

B. 可以转让的注册商标专用权、专利权和著作权等知识产权

C. 可以转让的基金份额、股权

D. 汇票

【答案】B【解析】选项B中，知识产权不是可以出质的，可以出质的是知识产权中的财产权。

【多选题】根据《民法典》的规定，下列财产可以抵押的有(   )。

A. 债务人有权处分的正在建设的建筑物、船舶、航空器

B. 公立学校的教学楼

C. 债权人有权处理的交通运输工具

D. 债权人有权处理的生产设备、原材料

E. 债权人有权处理的建设用地使用权

【答案】ACDE【解析】根据教材知识点可知，选项A、选项C、选项D、选项E均属于可以抵押的财产。

（四）合同

项目	内容
合同的订立	（1）当事人订立合同，可以采用书面形式、口头形式或者其他形式。书面形式是合同书、信件、电报、电传、传真等可以有形地表现所载内容的形式。以电子数据交换、电子邮件等方式能够有形地表现所载内容，并可以随时调取查用的数据电文，视为书面形式。 （2）当事人订立合同，可以采取要约、承诺方式或者其他方式。
格式条款合同	（1）采用格式条款订立合同的，提供格式条款的一方应当遵循公平原则确定当事人之间的权利和义务，并采取合理的方式提示对方注意免除或者减轻其责任等与对方有重大利害关系的条款，按照对方的要求，对该条款予以说明。提供格式条款的一方未履行提示或者说明义务，致使对方没有注意或者理解与其有重大利害关系的条款的，对方可以主张该条款不成为合同的内容。

续　表

项目	内容
格式条款合同	（2）对格式条款的理解发生争议的，应当按照通常理解予以解释。对格式条款有两种以上解释的，应当作出不利于提供格式条款一方的解释。格式条款和非格式条款不一致的，应当采用非格式条款。
合同的效力	（1）无权代理人以被代理人的名义订立合同，被代理人已经开始履行合同义务或者接受相对人履行的，视为对合同的追认。 （2）法人的法定代表人或者非法人组织的负责人超越权限订立的合同，除相对人知道或者应当知道其超越权限外，该代表行为有效，订立的合同对法人或者非法人组织发生效力。 （3）合同中的下列免责条款无效：①造成对方人身损害的；②因故意或者重大过失造成对方财产损失的。 （4）合同不生效、无效、被撤销或者终止的，不影响合同中有关解决争议方法的条款的效力。
合同的履行	（1）当事人应当按照约定全面履行自己的义务。当事人应当遵循诚信原则，根据合同的性质、目的和交易习惯履行通知、协助、保密等义务。 （2）当事人互负债务，没有先后履行顺序的，应当同时履行。一方在对方履行之前有权拒绝其履行请求。一方在对方履行债务不符合约定时，有权拒绝其相应的履行请求。 （3）当事人互负债务，有先后履行顺序，应当先履行债务一方未履行的，后履行一方有权拒绝其履行请求。先履行一方履行债务不符合约定的，后履行一方有权拒绝其相应的履行请求。 （4）应当先履行债务的当事人，有确切证据证明对方有下列情形之一的，可以中止履行：①经营状况严重恶化；②转移财产、抽逃资金，以逃避债务；③丧失商业信誉；④有丧失或者可能丧失履行债务能力的其他情形。 当事人没有确切证据中止履行的，应当承担违约责任。
合同的权利义务终止	（1）有下列情形之一的，债权债务终止：①债务已经履行；②债务相互抵销；③债务人依法将标的物提存；④债权人免除债务；⑤债权债务同归于一人；⑥法律规定或者当事人约定终止的其他情形。 合同解除的，该合同的权利义务关系终止。 （2）有下列情形之一的，当事人可以解除合同：

项目	内容
合同的权利义务终止	①因不可抗力致使不能实现合同目的。 ②在履行期限届满前，当事人一方明确表示或者以自己的行为表明不履行主要债务。 ③当事人一方迟延履行主要债务，经催告后在合理期限内仍未履行。 ④当事人一方迟延履行债务或者有其他违约行为致使不能实现合同目的。 ⑤法律规定的其他情形。 以持续履行的债务为内容的不定期合同，当事人可以随时解除合同，但是应当在合理期限之前通知对方。
保证合同	（1）保证合同是主债权债务合同的从合同。主债权债务合同无效的，保证合同无效，但是法律另有规定的除外。保证合同被确认无效后，债务人、保证人、债权人有过错的，应当根据其过错各自承担相应的民事责任。 （2）保证合同的内容一般包括被保证的主债权的种类、数额，债务人履行债务的期限，保证的方式、范围和期间等条款。 （3）保证的方式包括一般保证和连带责任保证。 （4）保证的范围包括主债权及其利息、违约金、损害赔偿金和实现债权的费用。当事人另有约定的，按照其约定。 （5）保证期间是确定保证人承担保证责任的期间，不发生中止、中断和延长。债权人与保证人可以约定保证期间，但是约定的保证期间早于主债务履行期限或者与主债务履行期限同时届满的，视为没有约定；没有约定或者约定不明确的，保证期间为主债务履行期限届满之日起6个月。债权人与债务人对主债务履行期限没有约定或者约定不明确的，保证期间自债权人请求债务人履行债务的宽限期届满之日起计算。 （6）一般保证的债权人未在保证期间对债务人提起诉讼或者申请仲裁的，保证人不再承担保证责任。连带责任保证的债权人未在保证期间请求保证人承担保证责任的，保证人不再承担保证责任。 （7）一般保证的债权人在保证期限届满前对债务人提起诉讼或者申请仲裁的，从保证人拒绝承担保证责任的权利消灭之日起，开始计算保证债务的诉讼时效。连带责任保证的债权人在保证期限届满前请求保证人承担保证责任的，从债权人请求保证人承担保证责任之日起，开始计算保证债务的诉讼时效。

【多选题】应先履行债务的当事人，有确切证据证明对方有下列（　　）情形之一的，可以中止履行。

A. 经营状况严重恶化
B. 转移财产、抽逃资金
C. 丧失商业信誉
D. 以不合理低价转让财产
E. 有丧失或者可能丧失履行债务能力的其他情形

【答案】ABCE【解析】应当先履行债务的当事人，有确切证据证明对方有下列情形之一的，可以中止履行：①经营状况严重恶化；②转移财产、抽逃资金，以逃避债务；③丧失商业信誉；④有丧失或者可能丧失履行债务能力的其他情形。

二、《中华人民共和国商业银行法》（以下简称《商业银行法》）（熟悉）

真考解读 考查相对较少，考生熟悉即可。

项目	内容
关系人贷款	商业银行不得向关系人发放信用贷款；向关系人发放担保贷款的条件不得优于其他借款人同类贷款的条件。其中，关系人是指以下两类。 （1）商业银行的董事、监事、管理人员、信贷业务人员及其近亲属。 （2）前项所列人员投资或者担任高级管理职务的公司、企业和其他经济组织。

【多选题】依据《商业银行法》，商业银行不得向关系人发放信用贷款，下列属于关系人的有（　　）。

A. 商业银行的董事长
B. 商业银行行长的同班同学
C. 商业银行的监事
D. 商业银行信贷业务人员的近亲属
E. 商业银行董事投资的公司

【答案】ACDE【解析】由教材知识点可知，选项A、选项C、选项D、选项E均属于关系人。

三、《贷款通则》（熟悉）

真考解读 考查相对较少，考生熟悉即可。

项目	内容
贷款期限	自营贷款期限最长一般不得超过10年，超过10年应当报中国人民银行备案。

项目	内容
贷款展期	（1）短期贷款展期期限累计不得超过原贷款期限。 （2）中期贷款展期期限累计不得超过原贷款期限的一半。 （3）长期贷款展期期限累计不得超过3年。 【提示】借款人未申请展期或申请展期未得到批准，其贷款从到期日次日起，转入逾期贷款账户。
借款人 解读3	（1）权利。 ①可以自主向主办银行或者其他银行的经办机构申请贷款并依条件取得贷款。 ②有权按合同约定提取和使用全部贷款。 ③有权拒绝借款合同以外的附加条件。 ④有权向贷款人的上级和中国人民银行反映、举报有关情况。 ⑤在征得贷款人同意后，有权向第三人转让债务。 （2）义务。 ①应当如实提供贷款人要求的资料（法律规定不能提供者除外），应当向贷款人如实提供所有开户行、账号及存贷款余额情况，配合贷款人的调查、审查和检查。 ②应当接受贷款人对其使用信贷资金情况和有关生产经营、财务活动的监督。 ③应当按借款合同约定用途使用贷款。 ④应当按借款合同约定及时清偿贷款本息。 ⑤将债务全部或部分转让给第三人的，应当取得贷款人的同意。 ⑥有危及贷款人债权安全的情况时，应当及时通知贷款人，同时采取保全措施。 （3）对借款人的限制。 ①不得在一个贷款人同一辖区内的两个或两个以上同级分支机构取得贷款。 ②不得向贷款人提供虚假的或者隐瞒重要事实的资产负债表、损益表等。 ③不得用贷款从事股本权益性投资，国家另有规定的除外。 ④不得用贷款在有价证券、期货等方面从事投机经营。 ⑤除依法取得经营房地产资格的借款人以外，不得用贷款经营

解读3 考生重点关注借款人的权利与限制，并注意与贷款人的相关内容进行区分。

续 表

项目	内容
借款人	房地产业务；依法取得经营房地产资格的借款人，不得用贷款从事房地产投机。 ⑥不得套取贷款用于借贷牟取非法收入。 ⑦不得违反国家外汇管理规定使用外币贷款。 ⑧不得采取欺诈手段骗取贷款。
贷款人	（1）权利。 ①要求借款人提供与借款有关的资料。 ②根据借款人的条件，决定贷与不贷、贷款金额、期限和利率等。 ③了解借款人的生产经营活动和财务活动。 ④依合同约定从借款人账户上划收贷款本金和利息。 ⑤借款人未能履行借款合同规定义务的，贷款人有权依合同约定要求借款人提前归还贷款或停止支付借款人尚未使用的贷款。 ⑥在贷款将受或已受损失时，可依据合同规定，采取使贷款免受损失的措施。 （2）义务。 ①应当公布所经营的贷款的种类、期限和利率，并向借款人提供咨询。 ②应当公开贷款审查的资信内容和发放贷款的条件。 ③贷款人应当审议借款人的借款申请，并及时答复贷与不贷。短期贷款答复时间不得超过 1 个月，中期、长期贷款答复时间不得超过 6 个月，国家另有规定者除外。 ④应当对借款人的债务、财务、生产、经营情况保密，但对依法查询者除外。

典型真题

【单选题】下列各项中，不属于借款人权利的是（ ）。

A. 按合同约定提取和使用全部贷款

B. 在征得贷款人同意后，向第三人转让债务

C. 自主向主办银行或者其他银行的经办机构申请贷款并依条件取得贷款

D. 按借款合同约定及时清偿贷款本息

【答案】D【解析】选项 D 属于借款人的义务。